W0195033

Zeitmanagement

Prof. Dr. Jörg Knoblauch, Holger Wöltje

Bibliografische Information der Deutschen Bibliothek

Die Deutsche Bibliothek verzeichnet diese Publikation in der Deutschen Nationalbi-
bliografie; detaillierte bibliografische Daten sind im Internet über http://dnb.ddb.de
abrufbar.

ISBN 3-448-05193-4
Bestell-Nr. 00738-0001

© 2003, Haufe Verlag GmbH & Co. KG, Niederlassung Planegg b. München
Postanschrift: Postfach, 82142 Planegg
Hausanschrift: Fraunhoferstraße 5, 82152 Planegg
Fon (0 89) 8 95 17-0, Fax (0 89) 8 95 17-2 50
E-Mail: online@haufe.de
Internet: www.haufe.de, www.taschenguide.de
Lektorat: Dr. Ilonka Kunow, Sylvia Rein

Umschlaggestaltung: Simone Kienle, par:two büro für visuelles, 70182 Stuttgart
Umschlagentwurf: Agentur Buttgereit & Heidenreich, 45721 Haltern am See
Cartoons: Werner Tiki Küstenmacher
Druck: freiburger graphische betriebe, 79121 Freiburg

Zur Herstellung der Bücher wird nur alterungsbeständiges Papier verwendet.

TaschenGuides – alles, was Sie wissen müssen

Für alle, die wenig Zeit haben und erfahren wollen, worauf es ankommt. Für Einsteiger und für Profis, die ihre Kenntnisse rasch auffrischen wollen.

Sie sparen Zeit und können das Wissen effizient umsetzen:

Kompetente Autoren erklären jedes Thema aktuell, leicht verständlich und praxisnah.

In der Gliederung finden Sie die wichtigsten Fragen und Probleme aus der Praxis.

Das übersichtliche Layout ermöglicht es Ihnen, sich rasch zu orientieren.

Anleitungen „Schritt für Schritt", Checklisten und hilfreiche Tipps bieten Ihnen das nötige Werkzeug für Ihre Arbeit.

Als Schnelleinstieg die geeignete Arbeitsbasis für Gruppen in Organisationen und Betrieben.

Besuchen Sie uns im Internet: www.taschenguide.de

Hier finden Sie Arbeitsmittel zum Downloaden und können Ihre Meinung direkt an die TaschenGuide-Redaktion mailen. Wir freuen uns auf Ihre Anregungen.

Inhalt

Vorwort

Haben Sie oft das Gefühl, der Zeit hinterher zu rennen? Oder hetzen Sie von einem Termin zum anderen? Oder finden Sie nie Zeit für das, was Sie schon immer einmal machen wollten? Dann ist es höchste Zeit für ein effektives Zeitmanagement.

In diesem TaschenGuide lernen Sie, wie Sie Ihren Tag und Ihre Woche sinnvoll planen. Sie erfahren, wie Sie Ihre Ziele definieren, die richtigen Prioritäten setzen, mit Zeitfressern besser umgehen sowie effektiver und effizienter arbeiten. Neben bewährten Zeitmanagement-Techniken stellen wir Ihnen eine Reihe von Hilfsmitteln vor, die Ihnen die Planung erleichtern. Übungen und Checklisten runden den Band ab.

Gutes Zeitmanagement zu erlernen und zu perfektionieren funktioniert nicht von heute auf morgen, es ist eine Lebensaufgabe. Doch wenn Sie anfangen, die Grundregeln auch umzusetzen, werden sich erste Erfolge schnell einstellen. Mit etwas Disziplin werden Sie bald weniger Stress sowie die Zeit und Freiheit haben, um das zu tun, was Ihnen wirklich wichtig ist. Damit Sie jeden Tag genießen, auf große Veränderungen hinarbeiten und Ihren Lebenszielen ein Stück näher kommen können.

Prof. Dr. Jörg Knoblauch, Holger Wöltje

Ihr Schlüssel zu effektivem Zeitmanagement

„Wenn ich nicht weiß,
in welchen Hafen ich segeln will,
dann ist kein Wind für mich der richtige."
Seneca

www.taschenguide.de

Testen Sie Ihr Zeitverhalten

Im Folgenden finden Sie acht kurze Fragen, die Ihnen helfen, Ihr Zeitverhalten zu erkennen. Kreuzen Sie spontan an, wo Sie heute stehen.

1   Ich habe klare Ziele, an denen ich mich ständig orientiere, und weiß, was ich erreichen will.

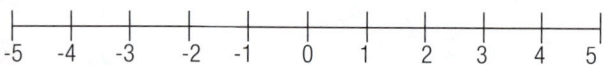

2   Für diese Ziele kenne ich Schlüsselaufgaben, die mich weiterbringen, und setze eindeutige Prioritäten.

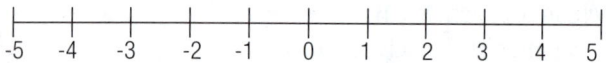

3   Ich fühle mich ausgeglichen und kann negativen Stress schnell sowie vollständig kompensieren – mein Leben ist in Balance.

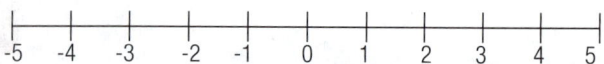

4   Ich benutze eine sorgfältige Wochen- und Tagesplanung, die ich ständig verbessere.

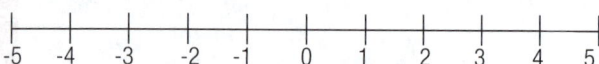

5 Ich verfüge über ein Zeitplansystem, das ich sinnvoll für diese Planung nutze.

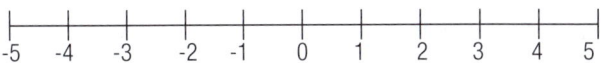

6 Störungen und Unterbrechungen habe ich im Griff. Papierkram und E-Mails bewältige ich souverän.

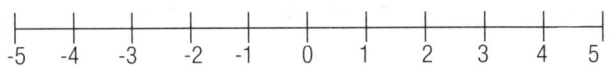

7 Ich kenne meine Stärken und Schwächen und weiß, wo mein größtes Optimierungspotenzial liegt.

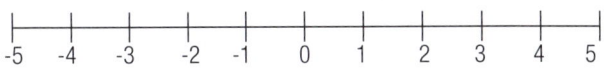

8 Ich habe die Einstellung „Ich kann es!" und einen Aktionsplan zur Verbesserung meines Zeitmanagements.

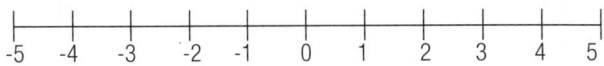

Wie Sie mit dem TaschenGuide arbeiten

Um den größten Nutzen aus diesem TaschenGuide zu ziehen, greifen Sie sich als ersten Ansatz für Veränderungen die Frage mit der niedrigsten Punktzahl heraus. Das ist das Thema mit Ihrem höchsten Verbesserungspotenzial.

Die Fragen eins bis drei entsprechen den Überschriften in diesem ersten Kapitel „Ihr Schlüssel zum effektiven Zeitmanagement". Die Themen der Frage vier und fünf finden Sie im Kapitel zwei „So planen Sie Ihre Aufgaben und Ihre Zeit" behandelt, die der Frage sechs im dritten Kapitel „So gestalten Sie Ihren Tag". Die Fragen sieben und acht schließlich sind Thema des letzten Kapitels „So werden Sie Ihr Zeitmanager".

Ziele – wissen, wohin ich will

In dieses Kapitel möchten wir Sie mit einer kleinen Geschichte einführen.

Warum Ziele so wichtig sind

Die kalifornische Küste lag nebelverhangen da an jenem Morgen des 4. Juli 1952. 34 Kilometer westlich davon, auf der Insel Catalina, watete eine 34-jährige Frau ins Wasser und schickte sich an, in Richtung Kalifornien zu schwimmen, entschlossen, diese Strecke als erste Frau zu bewältigen. Ihr Name war Florence Chadwick. Sie war bereits die erste Frau gewesen, die den Ärmelkanal in beiden Richtungen durchschwommen hatte. Das Wasser war eiskalt, und der Nebel war so dicht, dass sie kaum die Begleitboote ausmachen konnte.

Millionen schauten über die nationalen Fernsehsender zu. Mehrmals mussten Haie mit Gewehren vertrieben werden, um die einsame Gestalt zu schützen. Die Müdigkeit war nie ihr großes Problem bei diesen Schwimmleistungen gewesen – es war die eisige Kälte, die ihr zu schaffen machte.

Über fünfzehn Stunden später bat sie, steif vor Kälte, aus dem Wasser geholt zu werden. Sie konnte nicht mehr. Ihre Mutter und ihr Trainer, die im Boot neben ihr herfuhren, sagten ihr, dass die Küste schon ganz nah sei. Sie drängten sie nicht aufzugeben, aber als sie zur kalifornischen Küste hinüberschaute, sah die Schwimmerin nichts als den dichten Nebel und bat darum, herausgeholt zu werden. Stunden später, als ihr Körper sich erwärmt hatte, kam der Schock über ihren Misserfolg. Nur eine halbe Meile vor der kalifornischen Küste war sie aus dem Wasser gezogen worden!

Ein Reporter fragte sie: „Miss Chadwick, was hat Sie davon abgehalten, diese letzte halbe Meile zu schwimmen?" „Es war der Nebel", antwortete sie. „Wenn ich das Land hätte sehen können, hätte ich es geschafft. Wenn man da draußen am Schwimmen ist und sein Ziel nicht sehen kann ..."

Ziele motivieren

Der Satz von Miss Chadwick wurde weltberühmt: „Es war der Nebel – wenn ich das Land hätte sehen können, ..." Da sie ihr Ziel aus den Augen verloren hatte, gab sie kurz vorher auf. Dasselbe passiert tagtäglich vielen Menschen in allen möglichen Lebens- und Berufsbereichen.

Erst klare Ziele helfen, herausragende Ergebnisse zu erreichen. Nur wenn Sie wissen, wo genau sie hin wollen, können Sie den genauen Weg dorthin festlegen und sofort die ersten Schritte in die richtige Richtung gehen.

Deshalb sind folgende Fragen so wichtig:

- Was sind meine beruflichen Ziele?
- Was sind meine geistigen Ziele? (Welche Fähigkeiten will ich mir aneignen?)
- Was sind meine familiären und gesellschaftlichen Ziele?
- Was sind meine geistlichen Ziele? (Was will ich für meine Seele tun? Was ist der Sinn meines Lebens und Tuns?)
- Wo liegen meine finanziellen Ziele?

> ■ *Wenn wir ein hochgestecktes Ziel erreicht haben, ist das nicht nur Grund zur Freude und macht stolz, sondern spornt auch zu weiteren Leistungen an.* ■

Was Ziellosigkeit bewirkt

Wenn wir keine Ziele haben, so können wir auch keine Pläne für unser Vorgehen machen. Die großen Erfolgserlebnisse bleiben aus, da wir ja selber nicht wissen, was wir überhaupt erreichen wollen und als Erfolg definieren. Dies wiederum führt zu Enttäuschungen und einem sinkenden Selbstwertgefühl. Am Ende stehen schließlich Motivations- und Lustlosigkeit, die uns den Antrieb verlieren lassen, so dass wir noch weiter davon entfernt sind, uns Ziele zu setzen usw. – ein fataler Kreislauf.

Beispiel

Anton Krämer soll das Geschäft für Herrenbekleidung seines Vaters fortführen, der sich aufs Altenteil zurückzieht. „Ich müsste den Laden mal auf Vordermann bringen", denkt er sich. „Hier ist alles so altmodisch." Doch dazu müsste er viel Geld und Energie investieren. Ohnehin kein geborener Unternehmer, steigt Herr Krämer nur halbherzig ein. Ständig unentschlossen, ob er das Geschäft nun eigentlich weiterführen will, verändert er nichts. So vergehen einige Jahre. Schließlich gibt Herr Krämer das Geschäft frustriert auf.

Der Kreislauf der Ziellosigkeit

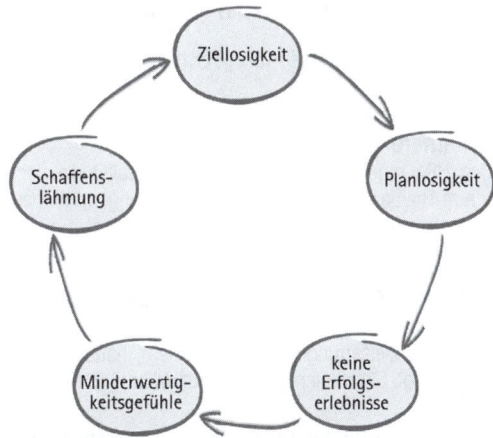

Ohne Ziele geraten wir in eine Negativspirale, die sich immer weiter nach unten dreht

Ziele machen erfolgreich

Doch es gibt einen Weg hinaus: Wenn wir beginnen, uns zuerst kleine, einfache, aber erreichbare Ziele zu setzen, so können wir auch den Weg zum Erfolg festlegen. Wenn wir das Ziel schließlich erreichen, stärkt dieses Erfolgserlebnis unser Selbstvertrauen. Wir fühlen uns gut und motiviert, wir erhalten neue Energie. Wir bekommen Lust darauf, uns weitere Ziele zu setzen, die wir nun ein kleines bisschen höher stecken können.

Wichtig ist, dass Sie sich die Ziele am Anfang nicht zu hoch stecken. Sie sollen sich schon etwas anstrengen müssen, um Ihr Ziel zu erreichen, aber es muss machbar sein (s. Seite 16).

Es ist übrigens belegt, dass klare, schriftlich festgelegte Ziele Erfolg bringen:

Ziele und Karriere

Eine in den USA regelmäßig durchgeführte Langzeitstudie der Harvard University zum Thema „Werdegang von Studienabgängern über einen sehr langen Zeitraum" zeigt folgende Resultate:

83 % der Studienabgänger hatten keine Zielsetzung für ihre Karriere. Ihr durchschnittlicher Dollar-Verdienst wurde als Vergleichsgrundlage herangezogen.

14 % hatten klare Zielsetzungen für ihre Karriere, hatten sie aber nicht schriftlich festgelegt. Sie verdienten im Schnitt dreimal so viel wie die erste Gruppe.

3 % hatten klare Zielsetzungen für ihre Karriere und hatten diese schriftlich festgelegt – sie verdienten im Schnitt zehnmal so viel.

Vermutlich hätten Sie diese geringe Zahl nicht erwartet, oder? Wenn Sie also jemanden auf der Straße anhalten und ihn fragen: „Haben Sie ein schriftliches Lebens- oder Jahresziel?", dann ist bei 97 % aller Befragten Fehlanzeige.

■ *Die Harvard-Ziel-Studie macht übrigens noch einen weiteren Aspekt deutlich: Schriftlichkeit zwingt zu gedanklicher Klarheit. Wer seine Gedanken nur im Kopf hat, und meint, dies sei ein Ziel, der irrt.* ■

Erstens kommt es anders und zweitens als man denkt

Der Grund, weshalb viele Menschen um Ziele einen großen Bogen machen liegt darin, dass sie in der Vergangenheit enttäuscht wurden. Sie haben sich etwas vorgenommen, dann jedoch haben sich die Dinge völlig anders entwickelt.

Eine Anekdote

Ein Zugreisender steht am Bahnsteig und wartet auf seinen verspäteten Zug. Regen, Schnee und Hagel verschlechtern seine ohnehin schlechte Stimmung noch weiter. Schließlich wendet er sich völlig empört an den InfoPoint: „Wozu gibt es überhaupt einen Fahrplan, wenn sich eh niemand daran hält?" Der Servicemitarbeiter entgegnet daraufhin gelassen: „Woher wüssten Sie, dass dieser Zug 20 Minuten Verspätung hat, wenn wir keinen Fahrplan hätten?"

Diese kleine Anekdote zeigt: Nur wer ein Ziel hat, kann über Abweichungen reden oder erkennen, dass er auf dem falschen Weg ist. Er kann sich von Situation zu Situation neu entscheiden, wie er mit dieser Abweichung nun umgeht. Bestimmte Umstände erfordern manchmal auch eine Anpassung oder grundlegende Änderung des Ziels.

■ *Unsere Definition für das Arbeiten mit Zielen heißt daher: Abweichungen managen.* ■

Wie Sie Ziele formulieren

Ziele haben viele Kriterien. Zwei davon sind die wichtigsten, aus denen sich alle anderen ableiten lassen:

- Ziele sind messbar.
- Ziele sind machbar.

Messbarkeit

Messbar bedeutet, dass Sie mit Ihren Zielen die so genannten Polizeifragen – auch „W-Fragen" genannt – beantworten: Wer? Was? Wie viel? Wo? Wann? Warum?

Machbarkeit

Setzen Sie Ihre Ziele zwar hoch und herausfordernd, aber nicht unerreichbar. „If you can dream it, you can do it." – Dieser Satz stimmt so nicht. Jeder Mensch hat seine Grenzen, und die äußeren Umstände erlauben nicht alles. Dies gilt es optimistisch, aber realistisch zu berücksichtigen. Für die meisten Menschen ist es z. B. völlig unrealistisch, in zwei Wochen dauerhaft zehn Kilogramm abnehmen zu wollen. Gleichzeitig unterschätzen viele jedoch, was im Laufe mehrerer Monate oder Jahre alles möglich ist. Erwarten Sie ruhig etwas von sich. Nur wenn Sie sich Großes vornehmen, können Sie auch Großes erreichen.

Formulieren Sie Ihre Ziele positiv motivierend

Um sich optimal auf die Erreichung Ihrer Ziele zu „programmieren", brauchen Sie eine positive und motivierende Formulierung. Durch Verneinungen und negative Ausdrucksweise hemmen Sie sich selbst. Formulieren Sie daher beispielsweise nicht: „Ich will nicht noch dicker werden, als ich eh schon bin", sondern: „Ich werde bis zum Jahresende mein Gewicht von 85 kg halten und bis zum nächsten Sommer auf 80 kg reduzieren."

> ■ *„Wer vom Ziel nicht weiß, kann den Weg nicht haben. Wird im Kreise dann all sein Leben traben."* Christian Morgenstern ■

Aus Wünschen Ziele formulieren

Sind Formulierungen wie „Ich möchte mehr für meine Weiterbildung tun" oder „Ich will ein besserer Vater sein" schon ein Ziel? Erinnern Sie sich? Die Kriterien sind: Ist es messbar? Ist es machbar? Damit wird klar: Die beiden Formulierungen sind sicher machbar, aber nicht messbar.

Beispiel: Erfolg versprechende Zielformulierungen

Gute Zielformulierungen, die Ihnen helfen, gleich die ersten Schritte zu gehen, wären beispielsweise:

„Ich werde morgen zur Volkshochschule gehen und mir ein aktuelles Programm besorgen. Ich werde mindestens einen Sprachkurs in diesem Jahr belegen und täglich mindestens 15 Minuten dafür üben."
„Ich werde ab sofort jede Woche – komme was wolle – vierzehn Tage im Voraus in meinem Kalender einen Termin für eine Stunde Tennis mit meiner Tochter eintragen. Wir gehen zu Fuß zum Tennisplatz, damit wir uns auf der Strecke ungestört eine halbe Stunde unterhalten können."

Übung: Formulieren Sie aus Wünschen Ziele

Die folgenden Aussagen sind vage Wünsche. Machen Sie daraus echte Ziele:

- Ich möchte irgendwann mal einen Urlaub in Amerika verbringen.

_____

- Ich möchte eine Führungsposition in der Firma haben und mehr verdienen.

- Ich möchte ein besserer Ehemann werden und mehr für unsere Beziehung tun. Wir reden zu wenig.

- Falls ich irgendwann mal Geld haben sollte, will ich einen Mercedes M-Klasse fahren.

> - *Ziele sind messbar und machbar, schriftlich fixiert und motivierend formuliert.*

Das Leben vom Ende her denken

Die folgende Übung hilft Ihnen herauszufinden, was Ihnen das Wichtigste im Leben ist und ist eine wichtige Vorübung, um langfristige Ziele zu setzen.

Nehmen Sie sich dafür mindestens 20 Minuten Zeit. Am besten, Sie führen die Übung schriftlich durch. Schreiben Sie Ihre Gedanken und Ergebnisse auf, damit sich Ihr Unterbewusstsein noch intensiver damit befasst und Sie später detailliert auf Ihre jetzigen Ideen zurückgreifen können.

Übung: Trauerrede

Stellen Sie sich vor, in fünf Jahren sind Sie Beobachter einer Beerdigung. Es sind viele Leute erschienen, die alle sehr ergriffen sind.

Sie schweben über dem Geschehen, sehen interessiert in den Sarg und dort drin – liegen Sie. Mehrere Personen halten kurze und ergreifende Nachrufe: einer Ihrer Kollegen, Ihr Chef, Ihr Ehepartner, Ihre Kinder, einer Ihrer Freunde und ein Mitglied Ihrer Gemeinde oder einer sozial aktiven Gruppe, in der Sie sich engagiert hatten. Alle Redner fassen jeweils in wenigen Sätzen das Wichtigste zusammen, was Sie ihnen bedeutet haben.

Notieren Sie: Was würden diese Leute sagen? Was wünschen Sie sich, dass diese Leute von Ihnen sagen? Wie würden die Nachrufe lauten, wenn Sie bis dahin Ihr Leben exakt so weiterlebten wie bisher?

Finden Sie Ihre Lebens- und Jahresziele

Nun geht es darum, daraus Ihr(e) Lebensziel(e) abzuleiten und aktiv zu formulieren. Mit Hilfe der Ergebnisse aus der obigen Übung sind Sie den Antworten auf die folgenden Fragen schon sehr nahe. Fragen Sie sich nun:

- Was will ich in meinem Leben erreichen?
- Welche Träume und Wünsche habe ich?
- Wer sind die wichtigsten Personen meines Lebens?

Überlegen Sie: Widmen Sie diesen Personen, Träumen und langfristigen Zielen die Aufmerksamkeit, die sie verdienen?

Notieren Sie hier Ihr Lebensziel:

_____

_____

Wichtig ist, dass Sie Ihr Lebensziel (oder Ihre Lebensziele) auch im Alltag nicht aus dem Blick verlieren. Fragen Sie sich daher immer wieder, ob Ihre momentanen Tätigkeiten dazu beitragen, es zu erreichen.

Nächster Schritt: Ziele herunterbrechen

Ihr(e) Lebensziel(e) erreichen Sie nur, wenn Sie kontinuierlich daran arbeiten. Schreiben Sie auf, was Sie dafür konkret tun werden – in den nächsten Tagen, Monaten, in diesem Jahr. Planen Sie dabei von oben nach unten.

Von den Lebenszielen zur Zeitplanung

- Persönlichkeitsanalyse führt zum ....

- Was will ich mit meinem Leben erreichen? ....

- Was will ich in den nächsten sieben Jahren erreichen? ....

- Was will ich im nächsten Jahr erreichen? ....

- Was will ich im nächsten Monat erreichen? ....

- Was will ich morgen erreichen? ....

Quelle: www.tempus.de

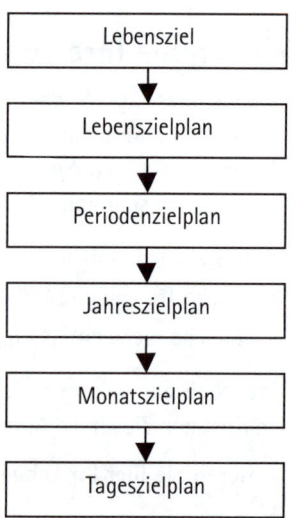

Wenn wir große Aufgaben in mehrere Etappen mit Zwischenzielen zerteilen, haben wir die „Markierungsbojen in der rauen See", die uns zeigen, wie weit wir insgesamt gekommen sind und welche überblickbare Teilstrecke wir als Nächstes in Angriff nehmen können. Dies bewahrt uns vor dem Aufgeben.

Ziele – woran Sie denken sollten

1 Sie brauchen kurzfristige Ziele, um zu wissen, was Sie heute tun. Sie brauchen langfristige Ziele, um Ihren kurz- und mittelfristigen Zielen Kontinuität sowie Bedeutung und Ihrem Leben eine Richtung zu geben.

2 Behalten Sie Ihre Ziele nicht nur im Kopf. Schreiben Sie sie auf, am besten in Ihr Zeitplanbuch. Arbeiten Sie daran, eine ausgewogene Zeiteinteilung und Balance für alle Lebensbereiche zu erreichen (mehr dazu ab Seite 36).

3 Konzentrieren Sie sich zu jeder Zeit auf Ihre Ziele. Fragen Sie sich: „Hilft mir das, was ich gerade tue, um meine Ziele zu erreichen?" Wenn nicht, wechseln Sie zu einer anderen Aktivität, die Sie wirklich weiterbringt.

4 Packen Sie jeden Tag zumindest ein wichtiges Ziel an. Hören Sie nicht auf, bevor dieses Tagesziel erreicht ist. So entwickeln Sie in kurzer Zeit die Gewohnheit, Ziele nicht nur zu setzen, sondern auch zu erreichen.

5 Suchen Sie neue Wege zu Ihrem Ziel, wenn Sie aus der Bahn geworfen wurden oder feststellen mussten, dass Sie Fehler in Ihrem Plan hatten.

Das Wesentliche erkennen

Dringendes ist selten wichtig und Wichtiges selten dringend. Deshalb: Lernen Sie, Wichtiges von Dringendem zu unterscheiden. Dabei hilft Ihnen das Pareto-Prinzip.

Die 80/20-Regel nach Pareto

Vilfredo Pareto lebte im 19. Jahrhundert und beschäftigte sich mit Fragen von Reichtum und Einkommen, von Grundstücken und deren Besitzer usw. Er stieß auf eine Tatsache, die ihm höchst bedeutsam erschien. Er entdeckte ein wiederkehrendes mathematisches Verhältnis zwischen dem Anteil von Personen (als Prozentsatz der gesamten relevanten Bevölkerung) und der Höhe des Einkommens oder Reichtums dieser Gruppe. So etwa stellte er fest, dass in verschiedenen Ländern 80 % des Vermögens bei 20 % der Bevölkerung konzentriert waren. Bei Paretos Beobachtung kommt es allerdings weniger auf die genaue Prozentverteilung an als auf die Tatsache, dass die Reichtumsverteilung in der Bevölkerung berechenbar unausgewogen war.

Dieses Phänomen tritt auch in allen anderen Bereichen des Lebens auf und wurde später in Bereiche wie Prozessoptimierung und Zeitmanagement übertragen: Ein typisches Verteilungsmuster zeigt etwa, dass 80 % der Wirkungen durch 20 % der Ursachen bedingt sind, dass 80 % der Ergebnisse auf 20 % der Anstrengungen zurückgehen usw. Diese Regel lässt sich natürlich auch auf die Verteilung unserer Zeit und die erzielten Ergebnisse übertragen.

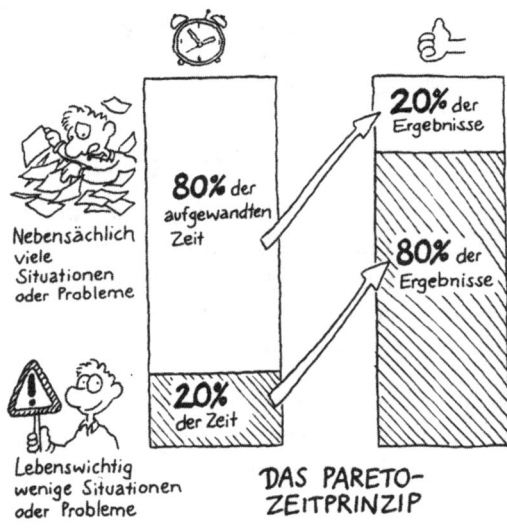

Das Pareto-Prinzip zeigt: 80 % der Ergebnisse erzielen wir oft mit nur 20 % unserer Zeit.

Weitere Beispiele für das Pareto-Prinzip

20 % der Kunden bringen 80 % des Umsatzes.

20 % der Produkte bringen 80 % des Gewinns.

20 % der Teppichfläche erleiden 80 % des Verschleißes.

20 % des Produktionsablaufs generieren 80 % der Fehler.

80 % der Wertschöpfung ergibt sich aus 20 % des Einsatzes, und die verbleibenden 20 % des Wertes kommen von den restlichen 80 % des Einsatzes.

> ■ Konzentrieren Sie sich auf die wenigen entscheidenden Dinge. Um im Leben voranzukommen, braucht man nicht alles zu tun und nicht alle Aufgaben zu bewältigen. Filtern Sie die wichtigsten Sachen heraus. ■

Von der Effizienz zur Effektivität

Effizient sein bedeutet „Die Dinge richtig tun." Und zwar so, dass wir in der geplanten Zeit zu einem möglichst guten Ergebnis kommen. Das erreichen wir, indem wir notwendige Tätigkeiten durch Optimierung der Arbeitsschritte so gut und schnell wie möglich ausführen.

Effektivität bedeutet: „Die richtigen Dinge tun." Wenn wir eine bestimmte Wirkung/ein Ergebnis erzielen wollen, dann sollten wir das tun, was uns auch direkt dorthin bringt. Wir arbeiten effektiv, indem wir uns zuerst um die wichtigsten Dinge kümmern, anstatt sie in der Flut der anderen Aufgaben untergehen zu lassen. Effektiv arbeiten bedeutet vor allem, sich auf die Aufgaben zu konzentrieren, die die größten Erfolge bringen.

Effizient arbeiten: Tun Sie die Dinge richtig?

Beispiel: Effektiver und effizienter arbeiten

Wenn Sie viele E-Mails schreiben müssen, hilft es Ihnen, wenn Sie das Zehnfinger-System beherrschen, um effizienter zu arbeiten. Auch Schnell- und Querlesetechniken sowie die Signaturfunktion Ihres E-Mail-Clients sparen Zeit beim Abarbeiten der Nachrichten.

Das alles ist wichtig und gut, doch trotzdem sind Sie mit effizientem Arbeiten alleine verloren, wenn Sie nach fünf Wochen Urlaub mehrere hundert neue Nachrichten in Ihrem Posteingangskorb vorfinden. Hier hilft nur noch effektives Abarbeiten: Sie suchen die wichtigsten Nachrichten heraus und bearbeiten diese zuerst. Die restlichen Mails sortieren Sie nach Absender und bearbeiten sie anschließend oder wenn sie relevant werden. Alles, was Werbung ist, löschen Sie sofort; auch Newsletter können Sie löschen oder Sie verschieben sie in einen Ordner, um sie später zu lesen, etc. Diese Selektion fällt unter effektives Arbeiten.

Übung

- Beschreiben Sie zwei Tätigkeiten, bei denen Sie vorwiegend effizient arbeiten müssen.

  1. _____

  2. _____

Effektives Arbeiten: Wer das Richtige tut, spart Zeit.

- Beschreiben Sie zwei Tätigkeiten, bei denen Sie vorwiegend effektiv arbeiten müssen.

  1. _____

  2. _____

Prioritäten richtig setzen

Prioritäten beinhaltet das lateinische Wort „prio" (vor). Prioritätensetzung heißt, dass Sie sich täglich neu für das entscheiden, was Sie *vor* allem anderen erledigen wollen oder müssen, um Ihre Ziele zu erreichen.

Arbeiten mit dem Eisenhower-Prinzip

Das Eisenhower-Prinzip hilft Ihnen, Ihre Arbeiten systematisch nach Priorität anzugehen. Der erste Schritt dafür ist, zu fragen: Sind die anliegenden Dinge wichtig oder dringend?

Laut Pareto sind 20 % unserer Aufgaben in aller Regel die wichtigen Dinge. 80 % sind eher nebensächliche Dinge. Dummerweise sind diese jedoch meistens dringend.

Wichtige Aktivitäten bringen Sie Ihren Zielen näher. Dringende Aktivitäten erfordern oder binden Ihre unmittelbare Aufmerksamkeit, ohne dabei großen Einfluss auf Ihre Ziele zu haben. Ihre Aktivitäten und Aufgaben mit der größten Wichtigkeit, dem größten Einfluss auf Ihre Erfolge und das Erreichen Ihrer Ziele dürfen niemals aufgeschoben werden, um unwichtigeren Dingen den Vorrang zu geben.

Doch leider haben wir alle eine Tendenz in uns, zuerst die Nebensächlichkeiten anzugehen. Die auf dem Schreibtisch liegenden Drucksachen sind viel verlockender als das seit Tagen verschobene entscheidende Projekt.

Finden Sie deshalb vor allem diejenigen Aufgaben heraus, die den größten Einfluss auf Ihre Erfolge haben. Dabei helfen Ihnen Prioritäten.

■ *Um bessere Ergebnisse zu erreichen, müssen Sie mehr Zeit mit den wichtigen Aufgaben verbringen.* ■

Kleiner Test: Wichtig oder dringend?

Kreuzen Sie an (nur eine Antwort ist möglich):

1 Sie haben sich vorgenommen, an Ihren Jahreszielen zu arbeiten. Diese liegen jedoch immer noch in der Schublade.
   □ Wichtig   oder   □ dringend?

2 Soeben wurde die Zeitung angeliefert. Die Zeitung gleich zu lesen, ist das
   □ wichtig   oder   □ dringend?

3 Einmal im Jahr haben Sie sich vorgenommen zum Zahnarzt zu gehen. Das Jahr ist vorüber und sie waren noch nicht da.
   □ Wichtig   oder   □ dringend?

Lösung: Frage 1: wichtig, Frage 2: dringend, Frage 3: wichtig.

Aktivitäten nach Prioritäten einteilen

Das Eisenhower-Prinzip kombiniert nun beide Kriterien – wichtig und dringend –, sodass vier Prioritätsklassen entstehen. Für Ihre Planung müssen Sie alle anstehenden Aufgaben analysieren und einordnen. So bekommen Sie eine Rangfolge, was wann und wie abzuarbeiten ist.

Das Eisenhower-Prinzip

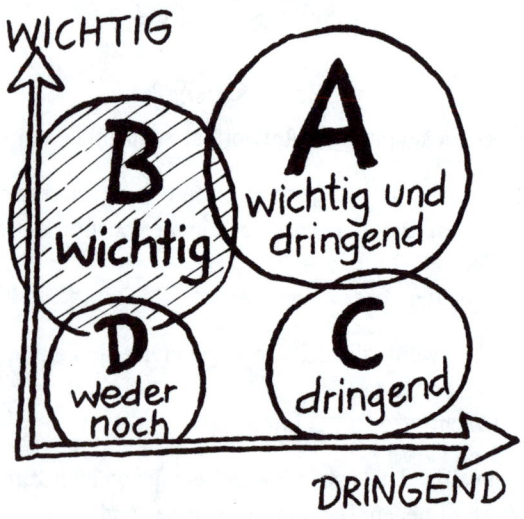

Das Eisenhower-Prinzip hilft, Prioritäten richtig zu setzen.

So sieht die Eisenhower-Rangfolge aus

A-Priorität: Das sind Dinge, die noch heute erledigt werden müssen, weil sie dringend und wichtig sind (z. B. Krisen).

B-Priorität: Dinge, die wichtig sind, aber nicht unbedingt heute erledigt werden müssen. Nehmen Sie sich regelmäßig Zeit für die Bearbeitung Ihrer B-Aufgaben und setzen Sie sich dafür Termine. Denn B-Aufgaben verursachen Ihren Erfolg und bringen Sie Ihren Zielen näher.

Oft werden B-Aufgaben auf die lange Bank geschoben – weil sie eben nicht dringend sind. Doch eine frühzeitige Erledigung Ihrer B-Aufgaben lässt manches Problem gar nicht erst entstehen.

Beispiel: B-Aufgaben

Der Bericht für die Vorstandssitzung, der Ihnen die Beförderung einbringen könnte und einen Monat Zeit hat, wird zur Krise, wenn Sie erst in den letzten zwei Tagen alles hektisch zusammenschustern.

Eine B-Aufgabe für jemanden, der viele Schriftstücke verfasst, könnte sein, das Zehnfinger-System zu erlernen. Auch wenn dies 30 Stunden Zeit erfordert – durch das schnellere Tippen spart man in Zukunft viel Zeit, und zwar umso mehr, je eher man mit dem Lernen des Systems beginnt.

Ähnliches gilt für Kundenumfragen, um Produkte zu verbessern und damit den Absatz sowie die Kundenzufriedenheit zu erhöhen.

Eine B-Aufgabe im Privatbereich ist der regelmäßige Gesundheitscheckup beim Arzt, der hilft, spezifische Risiken zu erkennen und ernsteren Erkrankungen mit unter Umständen mehreren Wochen Arbeitsunfähigkeit als Folge vorzubeugen.

C-Priorität: Dinge, die anscheinend dringend sind, aber nicht wichtig. Hier gilt: Ruhig bleiben und wo möglich delegieren oder nein sagen. Damit gewinnen Sie Zeit für Ihre wichtigen B-Aufgaben, die sonst untergehen.

D-Priorität: Das sind Dinge, die weder wichtig noch dringend sind – Sie können sie getrost dem Papierkorb anvertrauen oder, wenn es um Termine oder Aufgaben geht, absagen bzw. delegieren. Entscheiden Sie sich höchstens bewusst und zeitlich begrenzt für die D-Aufgaben, die Ihnen Erholung und Entspannung an einem stressigen Tag bieten.

Beispiel: Prioritätenliste eines Produktmanagers

Priorität A: Projekt mit anstehendem Abgabetermin, Fehler in Produktionsstraße vor Marktstart des Neuprodukts und Problem Auslieferung lösen.

Priorität B: neue Produkte planen, Verkaufszahlen prüfen und analysieren, aktive Erholung, Networking, wichtige Großkundenanfrage beantworten.

Priorität C: Rechnungen prüfen sowie weiterleiten, weniger wichtige Berichte lesen, einige Post; Umlauf, Entwerfen einer Anzeige für Praktikumsplatz, Produktionsdaten in Form von Diagrammen aufbereiten, Fotos für die Projektpräsentation raussuchen und die Texte grafisch auflockern.

Priorität D: Werbepost, unaufgefordert eingesandte Angebote für nicht benötige Produkte und Dienstleistungen, von Herrn Weber gewünschtes Treffen zum Erfahrungsaustausch, Ketten-E-Mails mit Witzvideos angukken, verschiedene Landschaftsfoto-Bildschirmschoner durchprobieren.

Prioritäten setzen – so machen Sie es richtig

1 Teilen Sie jede Ihrer Aufgaben in die Prioritätenklassen A, B, C und D ein. Durch diese Analyse trennen Sie die Spreu vom Weizen.

2 Denken Sie daran: Wichtigkeit und Dringlichkeit sind grundverschieden. Wichtiges bringt Sie Ihrem Ziel näher, ohne aktuell dringend zu sein, Dringliches erfordert hingegen Ihre unmittelbare Aufmerksamkeit.

3 Beachten Sie die Vorfahrtsregel: Wichtigkeit geht vor Dringlichkeit. Nicht alles, was eilig ist, muss auch erledigt werden. Nur so schaffen Sie es, sich nicht länger dem Diktat der Dringlichkeit zu unterwerfen. Die Gefahr be-

steht darin, sich in zu vielen dringlichen, aber relativ unwichtigen Aktivitäten zu verzetteln.

4   Praktisch heißt das für Ihre Zeitplanung: Versuchen Sie immer an der Nummer 1 Ihrer Aufgaben, Ihrer A-Aufgabe, zu arbeiten – nicht an der Nummer 3 oder 4, ganz egal, wie viel mehr Spaß diese Aufgaben vielleicht machen. Wenn Sie mit Ihrer A-Aufgabe am Ende des Tages nicht fertig geworden sind, machen Sie am nächsten Tag weiter. Machen Sie vorher nichts anderes.

5   Arbeiten Sie jeden Tag an einer langfristigen B-Aufgabe. Sie müssen neben Ihrem Tagesgeschäft auch an die „strategisch" wichtigen Aufgaben und Ziele denken. Nur so verursachen Sie bereits heute Ihre Erfolge von morgen! Lebensrollen und das Kieselprinzip, das wir im Rahmen von Balance (Seite 36) und Wochenplanung (Seite 61) genauer erläutern werden, helfen Ihnen dabei.

Machen Sie sich klar, dass Sie nie genug Zeit haben werden, um all das zu tun, was Sie alles tun könnten und was andere gerne von Ihnen wollen. Sorgen Sie dafür, dass Sie Ihre Zeit nutzen, um das zu tun, was Ihnen am wichtigsten ist und Sie Ihren Zielen näher bringt. Die Zeit dafür können Sie nur dadurch gewinnen, dass Sie nein zu den unwichtigeren Dingen sagen und sie unterlassen.

Test: Setzen Sie die richtigen Prioritäten?

Zum Abschluss können Sie nun noch analysieren, wie Sie Ihre Prioritäten setzen. Achten Sie darauf: Nur Ihre wirklich wichtigsten Anliegen sollen A- und B- Priorität erhalten!

1 Wie viel Prozent Ihrer Zeit verbringen Sie in welchem der vier Kreise (A, B, C, D, siehe Grafik Seite 28)?

A: _____ %

B: _____ %

C: _____ %

D: _____ %

2 In welchem Quadranten würden Sie Ihre Tätigkeiten des nächsten Tages einordnen?

1. _____ = _____-Priorität

2. _____ = _____-Priorität

3. _____ = _____-Priorität

4. _____ = _____-Priorität

3 Schreiben Sie nun noch auf, was Sie reduzieren wollen und welchen wichtigen Tätigkeiten oder Personen Sie dafür mehr Zeit einräumen wollen.

Ich reduziere: _____

_____

Dafür: _____

_____

_____

Erfolgreich nein sagen

Leider gibt es viele Situationen, in denen uns andere Leute ohne triftigen Grund Zeit rauben. Vielleicht will Ihr Kollege nur mal ein Schwätzchen halten, weil er gerade Zeit hat. Oder Sie sollen für andere etwas erledigen, was eigentlich nicht Ihre Aufgabe ist. Dagegen müssen Sie ankämpfen – zumindest, wenn Ihnen das belanglose Gespräch oder die Hilfe im Moment nur wertvolle Zeit raubt.

Natürlich sollen wir Zeit haben, wenn jemand etwas Wichtiges von uns will oder uns braucht. Doch Hilfsbereitschaft findet ihre Grenze, wenn ein anderer Sie nur für seine Ziele einspannt. Oder wenn Sie vor lauter Hilfsbereitschaft nicht mehr zu Ihren eigenen Dingen kommen. Wenn Sie nur noch ja und nicht mehr nein sagen, werden Sie keine Zeit mehr finden, um die Ihnen aufgetragenen Dinge oder Ihre eigenen Ziele zu verwirklichen.

Das Wörtchen „nein" ist somit das zeitsparendste Wort, das es gibt. Seien Sie mutig! Sagen Sie bewusst nein, wenn jemand etwas von Ihnen will, das Sie im Moment blockiert. Wenn es die Sache wert ist, machen Sie einen Termin aus.

Mit einem Nein zur rechten Zeit schützen Sie sich vor Überlastung

Aber üben Sie vorher Ihr Nein so zu sagen, dass es niemanden verletzt. Dies geschieht am einfachsten, indem Sie Ihrem Gegenüber signalisieren, dass Sie Interesse an seinen Zielen haben, aber ihm gleichzeitig erklären, dass Ihre jetzige Aufgabenstellung Ihr Engagement nicht (mehr) oder im Moment nicht zulässt.

Übungsaufgabe

1 Klären Sie für sich: Worin könnten die allgemeinen Gründe liegen, warum Sie nicht nein sagen können oder wollen? Was sind Ihre persönlichen Gründe oder Ihre Ängste, die Sie daran hindern nein zu sagen?

2 Umsetzung: Wie können Sie nein sagen, so dass es von Ihren Vorgesetzten, Kollegen oder Mitarbeitern akzeptiert wird? Dazu können Sie mit Freunden oder Kollegen in einem kleinen Rollenspiel einmal üben nein zu sagen. Wählen Sie dazu eine beispielhafte Situation aus Ihrem (Berufs-)Alltag, in der Sie künftig tatsächlich nein sagen wollen. Überlegen Sie sich vorher gute Gründe für Ihre Absage.

■ *Eine Faustregel im Zeitmanagement lautet: Nein sagen, wenn möglich, ja sagen, wenn nötig.* ■

Die Balance im Leben finden

Um Spitzenleistungen zu erbringen brauchen Sie ein Leben in Balance. In diesem Unterkapitel geben wir Anregungen, wie man trotz zunehmenden Drucks und Turbulenzen ausgeglichen leben kann.

Wo bin ich Druck ausgesetzt?

Die Frage: „Wer oder was macht mir Druck?" ist nur persönlich zu lösen. Überlegen Sie doch einmal, was Sie belastet:

- Konflikte mit Kollegen
- Konflikte mit Vorgesetzen
- Arbeitssituation (zu viel, zu wenig Belastung etc.)
- finanzielle Situation
- Zeitproblem, zu viele Aufgaben
- Krankheit
- Konflikte in Beziehungen, etc.

Tragen Sie in der Liste auf der nächsten Seite ein, in welchen Lebensbereichen Sie Druck oder Defizite verspüren.

Wenn Sie sich die Ergebnisse so anschauen: Können Sie mit all diesen Dingen leben? In Balance leben? Oder kommt hier ein großes Ungleichgewicht zum Vorschein?

Meine Umwelt und ich: Wo liegen Belastungen vor?

• Arbeit	
• Familie, Freunde	
• Körper und Gesundheit	
• Seelischer Ausgleich	
• Finanzen	

Durch die richtige Balance aller Lebensbereiche fühlen Sie sich nicht nur ausgeglichener, sondern sind in allen Bereichen leistungsfähiger. Wenn kurzfristig starke Belastungen in einem Bereich an Ihren Nerven zerren, können Sie dies durch die aus anderen Bereichen gezogene Energie wieder ausgleichen.

Die Lebensrollen in Einklang bringen

Um auch in der Hektik des Alltags genug Zeit und Kraft für alle Lebensbereiche zu haben und sich auf Ihre Schlüsselaufgaben zu konzentrieren, hilft Ihnen das Konzept der Lebensrollen. Eine Lebensrolle ist nichts anderes als ein Bereich Ihres Lebens, für den Sie Verantwortung tragen. Langfristig müssen Sie sich um jeden Bereich kümmern, und zwar regelmäßig. Größere Defizite in einem Bereich wirken sich sonst nach einiger Zeit auch auf Ihre Zufriedenheit und Leistungsfähigkeit in allen anderen Bereichen aus.

Die vier Bereiche für ein ausgewogenes Leben sind:

- Beruf,
- Kontakt (Partner, Kinder, Freunde),
- Sinn und
- Ich (Sport, Hobbys, persönliche Weiterentwicklung außerhalb des beruflichen Bereichs etc).

Füllen Sie nicht mehr als sieben Rollen aus

Finden Sie Ihre sieben wichtigsten Lebensrollen – mehr sollten es nicht sein, denn sonst können Sie nicht alle gleich gut ausfüllen. Sorgen Sie dafür, dass für Ihre Balance alle Lebensbereiche vertreten sind.

Beispiele für Lebensrollen sind:

- Vorgesetzte/r, Kollege/in, Abteilungsleiter/in, Betriebsrat, Teamleiter/in, etc.
- Tochter, Sohn, Freund/in, Ehemann; Ehefrau; Mutter; Vater; Großmutter, Pate/Patin;
- Hobbygärtner, Tennispartner, Schatzmeister, Vereinsvorsitzender, Helfer beim Roten Kreuz.

Bedenken Sie: Sie sind auch noch für Ihre Finanzen und Ihre Gesundheit, für Ihre Erholung sowie Ihr seelisches Gleichgewicht verantwortlich.

Erstellen Sie Ihren „Masterplan"

Am besten, Sie halten Ihre Lebensrollen und die damit verbundenen Ziele in einem Masterplan fest.

Nehmen Sie sich für das Ausfüllen des Masterplans (siehe folgende Seite) mindestens 15 Minuten Zeit. Den Masterplan sollten Sie mindestens einmal jährlich – zum Beispiel irgendwann rund um Ihren Geburtstag – in die Hand nehmen und überarbeiten:

1 Ziehen Sie noch einmal Ihre Ergebnisse aus der Formulierung Ihres Lebensziels heran (Seite 19).

2 Bestimmen Sie Ihre Lebensrollen.

3 Bestimmen Sie dann ein Ziel für jede Ihrer Lebensrollen, das mit Ihrem Lebensziel in Einklang steht.

4 Suchen Sie sich jede Woche je Lebensrolle mindestens eine B-Aufgabe, der Sie mindestens 90 Minuten widmen.

Solange wir unsere Lebensplanung nicht überdacht und festgelegt haben, können wir auch keine Verantwortung übernehmen. Solange wir nur mit verschwommenen Lebenszielen operieren, werden wir dramatische Umwege machen. Wir werden Enttäuschungen erleben, Kraft einbüßen und sehr viel Zeit verlieren. Planen Sie deshalb Ihr Leben! Formulieren Sie aus Wünschen Ziele und beginnen Sie damit, darauf hinzuarbeiten!

Masterplan – ein Beispiel

Lebensrollen	(Lebens-)Ziel	Jahresziele
1. Projektleiter	Coach für Projektleiter werden (inhouse oder selbstständig)	Projekt X erfolgreich abschließen; Leitfaden erstellen
2. Mitglied im Qualitätszirkel	Zusatzwissen Qualitätsmanagement	Wochenendseminar
3. Ehemann	Gemeinsam gute Zeit und sorglosen Lebensabend verbringen	gemeinsame Reise nach Indien
4. Vater	Meine Kinder nach ihren Anlagen fördern	Luise bei Bewerbung unterstützen, Christian musikalisch fördern
5. Vorsitzender Schachclub	Schachjugend aufbauen und fördern	finanzielle Unterstützung eines Turniers
6. Hobbykoch	ein Kochbuch mit Rezepten aus allen Erdteilen publizieren	ayurvedische Küche im Ursprungsland erlernen
7. Kirchengemeinderat	Aufbau eines Bildungswerks	zwei Gemeindemitarbeiter coachen

Warum über den Sinn nachdenken?

Warum und wofür schuften Sie sich täglich ab? Um irgendwann einen Mercedes M-Klasse zu fahren? Oder weil es Ihnen Spaß macht, Menschen zu trainieren? Oder weil Sie gerne für andere die besten und zuverlässigsten Notebooks bauen? Oder weil Sie schon immer als Redakteur einer Tageszeitung täglich die wichtigsten Neuigkeiten recherchieren und kurz, prägnant und objektiv darstellen wollten?

Die Sinnfrage ist ein ganz wichtiger Aspekt des Zeitmanagements: Sie ist entscheidend für unsere Arbeitsmotivation und damit für unsere Leistung. Sie ist wichtig, damit wir nicht irgendwann merken, unsere bisherige Lebenszeit für etwas vertan zu haben, was uns im großen Überblick zwecklos erscheint. Die durchschnittliche Motivation durch eine Gehaltserhöhung hält in den reicheren Nationen etwa zwei Wochen an (sofern der allgemeine Lebensstandard gesichert ist). Viele Mitarbeiter von Hilfsorganisationen wie dem Roten Kreuz oder Helfer bei Flutkatastrophen, die selbst nicht betroffen sind, leisten oftmals Erstaunliches ganz ohne Bezahlung – einen Sinn hinter unserem Tun zu sehen, für den sich alle Mühen lohnen, setzt beträchtliche Energien frei.

Vor allem aber müssen wir die Antwort auf die Sinnfrage kennen, damit uns in Krisenzeiten nicht der Boden unter den Füßen weggerissen wird. Wenn der Arbeitsstress unerträglich scheint oder einschneidende Ereignisse uns aus der Bahn zu werfen drohen, brauchen wir eine Antwort auf die Sinnfrage, um wieder aufzustehen und in der Spur zu bleiben. Spätestens wenn schwere Krankheiten, Misserfolge, Beziehungskrisen oder der Tod eines geliebten Menschen unerwartet ins Leben einbrechen, stellt sich die Sinnfrage – wenn man ihr vorher ausgewichen ist oder sich die bisherige Antwort als nicht tragfähig herausgestellt hat.

Betrachten wir es noch mal von der praktischen Seite: Wenn Sie über Ihre Ziele nachdenken (Seite 12) – für die Sie ja eine bestimmte Zeit opfern wollen –, treffen Sie zunächst eine ganz persönliche Entscheidung. Diese Entscheidung hängt von Ihren Werten ab, die für Sie „Sinn machen." Sie wollen etwa mehr für Ihre Familie da sein, weil die Liebe zu und die verbrachte Zeit mit Ihrem Partner und Ihren Kindern Ihrem Leben Sinn verleiht. Dann werden Sie Wege und Methoden finden, um sich die Wochenenden frei zu halten.

> ■ *„Denn was hilft es einem Menschen, wenn er die ganze Welt gewinnt und seine Seele verliert?"*　　　　　　　*Bibel*　　■

Warum und wofür leben Sie?

Jostein Gaarder stellt in seinem berühmten Buch „Sofies Welt" folgende Fragen:

- Wie wird die Welt erschaffen?
- Liegt hinter dem, was geschieht, ein Wille oder Sinn?
- Gibt es ein Leben nach dem Tod?
- Wie sollten wir leben?

Was ist Ihre Meinung dazu? Schreiben Sie die Gedanken auf. Stellen Sie sich die Fragen: Ist das Leben sinnlos? Ist ein Sinn vorgegeben? Welcher? Wie definiere ich den Sinn?

Ob Sie an Gott oder eine andere höhere Macht glauben, oder ob Sie dies nach reiflicher Überlegung nicht tun – was auch immer Sie für einen Sinn im Leben sehen, finden Sie die Antwort auf diese Frage! Manche schieben diese Frage Jahre oder Jahrzehnte vor sich her. Aber irgendwann kommt der Zeitpunkt, an dem wir dringend eine Antwort brauchen. Und es wäre schade, wenn wir uns dann fragen: Warum erkenne ich das jetzt erst? Beantworten Sie diese Fragen also – nach reiflicher Überlegung – bald!

■ Den Antworten nach dem Lebenssinn können Sie auf vielfältige Art näher kommen: Indem Sie sich z. B. selbst über Ihre Werte Gedanken machen und sie niederschreiben, indem Sie mit anderen darüber sprechen, die Bibel oder andere religiöse oder philosophische Bücher lesen, indem Sie in sich gehen in Gebet oder Meditation. ■

Wie Burn-out vorbeugen?

Die seelisch bedingte Müdigkeit

Es gibt eine Müdigkeit, gegen die kein Ausschlafen und kein Urlaub mehr hilft. Diese seelische Müdigkeit ist nicht mit negativem Stress zu verwechseln. Stress resultiert aus körperlichen Fehlreaktionen, die dann eintreten, wenn wir uns den Anforderungen einer bestimmten Situation nicht gewachsen fühlen – geistig oder auch körperlich.

Situationen, in denen Stress auftritt, sind typischerweise schwierige Prüfungen, aber auch die Überlastung mit zu vielen Aufgaben oder mit einer zu schwierigen Aufgabe bei gleichzeitig hohem Druck von außen. Es können aber auch Anforderungen sein, die unsere körperlichen Fähigkeiten überfordern, etwa eine besonders steile Passage auf einer Bergtour, für die uns jegliche Erfahrung fehlt. Ausgelöst werden kann Stress also durch Angst und/oder Überlastung.

Unter dem so genannten Burn-out-Syndrom hingegen verstehen Experten ein Ausgebranntsein auf Dauer. Burn-out kann durchaus auch eine Folge von lang anhaltendem Stress sein. Es ist aber anders als Stress vor allem eine psychische Überlastung, die von einem Fehlen jeglicher Motivation und Lust begleitet ist. Wer ausgebrannt ist, dem erscheint das

Leben als wertlos, der sieht in nichts mehr einen Sinn. Ausgebrannte Menschen sind meist nicht mehr arbeitsfähig; sie kommen an ihre ursprünglichen geistigen oder körperlichen Leistungen nicht mehr heran. Ihnen ist jede Kreativität verloren gegangen, ihnen macht nichts mehr Spaß.

Umso wichtiger, diesem gefährlichen Syndrom, das in unserer Arbeitswelt gar nicht so selten auftritt, vorzubeugen. Wenn Sie für sich den Sinn gefunden haben, Ihre Arbeit Ihren Werten nicht widerspricht und wenn Sie Balance in Ihrem Leben schaffen (siehe Seite 36), dann haben Sie bereits wichtige Maßnahmen getroffen, mit denen Sie Burnout vorbeugen.

15 Minuten täglich für mehr Lebensqualität

Wenn Sie sich oft gehetzt fühlen, sollten Sie versuchen, täglich eine Auszeit zu nehmen:

- 15 Minuten Stille oder Meditation täglich sind eine Möglichkeit, Ballast wegzuschaufeln und den Blick wieder frei zu machen für die Außenwelt.
- Entspannungstechniken wie z. B. die progressive Muskelentspannung nach Jacobson helfen Ihnen abzuschalten, und geben wieder neue Kraft für den Rest des Tages.

Die „Säge schärfen"

Um auch längerfristig nicht auszubrennen, empfehlen wir Ihnen eine regelmäßige Tätigkeit, die wir „die Säge schärfen" nennen. Der Name kommt von dem blöden Witz mit dem Waldarbeiter, der seit Stunden pausenlos Bäume sägt. Ein

Unternehmensberater guckt eine Stunde zu und meint: „Entschuldigung, würden Sie nicht schneller vorankommen, wenn Sie einmal innehalten, etwas trinken und dann Ihre inzwischen völlig stumpfe Säge schärfen?" Da antwortet der Waldarbeiter: „Das geht nicht. Ich habe keine Zeit für solche Spielchen. Ich bin zu beschäftigt mit Sägen, ich bin bereits hinter dem Zeitplan."

■ *Diese Anekdote spiegelt ein Phänomen wider, dem wir im Berufsleben häufig begegnen. Ein Phänomen, das wieder viel mit Effektivität und B-Aufgaben zu tun hat – Sie erinnern sich: zur rechten Zeit das Richtige tun.* ■

Übertragen auf das Zeitmanagement kann die Anekdote aber auch bedeuten: Planen Sie regelmäßig Zeit, um Ihre „Säge zu schärfen". Achten Sie nicht nur darauf, Ihre Kräfte schonend einzusetzen, sondern tanken Sie vor allem Ihre Energien rechtzeitig auf – bevor Sie sich völlig verausgabt haben und „abstumpfen". Regelmäßige Bewegung zwischendurch und leichter Ausdauersport – am besten dreimal wöchentlich eine halbe Stunde lang – fördern nicht nur die allgemeine Gesundheit, sondern auch den Geist und unserer Leistungsfähigkeit.

Neben Ruhe und Sport (sofern Sie nicht bereits im Beruf viel körperlich arbeiten) sollten Sie sich auch ausgleichende Tätigkeiten gönnen, die Ihren geistigen Horizont erweitern: Falls Ihr Beruf nicht bereits mit viel Lernen verbunden ist, könnten Sie etwa eine neue Fremdsprache erlernen, die Sie gerne beherrschen möchten. Oder Sie erforschen die Geschichte und Geographie Australiens. Lernen Sie eine neue

Fähigkeit, wie Kuchenbacken oder Klavierspielen. Oder betreiben Sie „Gehirnjogging" mit Logikknobelheften. Was auch immer – Hauptsache, es macht Ihnen Spaß und hilft Ihnen, sich zu regenerieren.

Gönnen Sie sich einen Ruhetag

„Ich arbeite normal 18 Stunden am Tag, sonntags arbeite ich nur sechs Stunden." So lautete die Beschreibung eines Unternehmers unter unseren Seminarteilnehmern zur Frage, wie er den Sonntag nutzt. Wie fängt der Sonntag bei Ihnen an? Mit der Sonntagszeitung vom Zeitungsmann? Mit der Arbeit, die die letzten Tage liegen geblieben ist?

Manche Menschen empfinden den Sonntag oder Feiertage als langweilig, öde und deprimierend. Weil sie sonst nur arbeiten und den Stress brauchen oder aus welchen Gründen auch immer. Schade, denn wir finden, der Sonntag ist die Chance, sich wirklich auszuruhen und Abstand zu nehmen. Immerhin garantiert der Staat an diesem Tag die äußere Ruhe. Für die innere Ruhe sind wir selbst zuständig. Nicht rastloser Übereifer ist angesagt, sondern ein echter Ausgleich – ob allein, mit Freunden oder mit der Familie.

■ *Überlegen Sie: Wie können Sie sich freimachen, um Kraft zu tanken für sechs arbeitsreiche Tage, die dann wieder vor Ihnen liegen? Was entspricht Ihnen und bringt Ihnen gleichzeitig den Ausgleich, den Sie dringend brauchen, damit Sie Ihre Aufgaben auch schaffen, ohne irgendwann ausgebrannt zu sein?* ■

So planen Sie Ihre Aufgaben und Ihre Zeit

Planen ist nicht jedermanns Sache. Und man kann es mit der Planerei auch übertreiben. Doch schon mit ein paar einfachen Planungstechniken können Sie sich viel Zeit und Ärger ersparen.

www.taschenguide.de

Durch Planung Zeit gewinnen

„Wer viel plant, kommt unter die Tyrannei des Terminkalenders." – „Manchmal ist es mir zu viel, alles aufzuschreiben. Warum es nicht lieber gleich tun? Außerdem will ich mich nicht immer festlegen. Schriftliche Planung tötet jede Spontaneität."

Diese Vorwürfe werden häufig erhoben. Aber sie stimmen nicht. Wer richtig plant, gewinnt Zeit für Ungeplantes, Kreativität und andere Aufgaben. Wer plant, kann letztlich auch spontaner agieren.

Viele von uns planen allerdings nicht, weil sie zu tätigkeitsorientiert sind. Am Ende geraten sie immer wieder unter Druck und bewegen sich im Bereich vieler A-Aufgaben, die sie durch rechtzeitiges Erledigen der B-Aufgaben hätten vermeiden können. Vielleicht brauchen manche Menschen den Adrenalinkick, den das „Feuerlöschen" einer Krise mit sich bringt. Oder es erscheint ihnen wesentlich spannender und macht mehr Spaß als vorheriges Planen und rechtzeitige Erledigung. Doch Sie sollten sich darüber im Klaren sein: Beim Feuerlöschen reagieren Sie bloß und können nichts mehr steuern. Zudem kosten solche Aktionen in der Regel nicht nur viel Energie, sondern auch mehr Geld als ein geregeltes und geplantes Routine-Vorgehen.

■ *Planung ist der beste Weg, um aus dem Verhaltensmuster des bloßen Reagierens herauszukommen und die Dinge rechtzeitig zu erledigen, damit es erst gar nicht zur Krise kommt.* ■

Wer genügend Zeit in die Planung steckt, braucht weniger Zeit zur Durchführung und gewinnt insgesamt mehr Zeit

Je komplexer und je umfassender übrigens eine Aufgabe oder ein Projekt ist, umso mehr Zeit sollten Sie für die Planung investieren. Denn je besser die Planung ist, desto mehr Zeit sparen Sie hinterher bei der Durchführung. Auch sinkt durch gute Planung die Fehlerrate oft beträchtlich.

Warum schriftlich planen?

Durch schriftliches Planen wird Ihr Kopf frei für das, was aktuell ansteht:

- Sie vergessen nichts mehr.
- Sie schließen einen Vertrag mit sich selbst und tun die Dinge dann auch eher.

- Planung macht Sie berechenbarer für Partner, mit denen Sie im Team zusammenarbeiten.

- Nur eine schriftliche Planung ermöglicht Ihnen Rückblick und Kontrolle. Und das ist die Grundlage für die Optimierung der eigenen Arbeitsweise.

Gewöhnen Sie sich an, mit Hilfe schriftlicher Planung Prioritäten abzuwägen. Berücksichtigen Sie dabei aber Stärken und Schwächen Ihrer Persönlichkeit.

Passen Sie die Methoden an

Dem einen fällt das überlegte Planen leichter als dem anderen. Wichtig ist: Vergewaltigen Sie sich nicht durch eine Methode, die Ihnen nicht liegt. Probieren Sie die von uns vorgeschlagenen, bewährten Methoden aus. Passen Sie sie dann an Ihre individuellen Bedürfnisse an, nachdem Sie sie beherrschen und einige Erfahrungen damit gemacht haben. Dies gilt sowohl für die Technik als auch die Hilfsmittel.

Beispiel

Vielleicht können Sie mit einer großen Pinnwand und bunten Zetteln oder einem Mind-Mapping-Programm für Ihren PC besser planen als auf einem normalen Blatt Papier. Vielleicht hilft es Ihnen, bereits morgens auch die kleinste Aufgabe genau zu planen. Oder kommen Sie weiter, wenn Sie morgens nur Ihre fünf wichtigsten sowie die strategischen Aufgaben planen? Sind Sie morgens schon voll leistungsfähig für die Tagesplanung und erhalten Sie dadurch gleich einen Motivationsschub für die Aufgaben? Oder bevorzugen Sie eine abendliche Rückschau, an die Sie wohl überlegt die Planung des Folgetages anschließen?

Grundregeln des Planens

Auf folgende Grundregeln sollten Sie bei jeder Planungstätigkeit achten:

- Keine Planung ohne Termin.

- Oberstes Planungsprinzip ist die Schriftlichkeit.

- Notieren Sie alle Aktivitäten, Aufgaben und Termine sofort in Ihrem Zeitplanbuch oder auf Listen. Nur so behalten Sie in jeder Situation den Überblick und können sich auf das Wesentliche konzentrieren.

Näheres dazu erfahren Sie in den folgenden Kapiteln.

> ■ *Sie sollten Ihre geistigen Kapazitäten nicht mit Aufgaben belegen, die auch ein Zeitplanbuch oder ein elektronischer Planer übernehmen können. Planen Sie schriftlich und halten Sie so Ihren Kopf für die wichtigen Dinge frei!* ■

Zeitbedarf und Zeitbudget ermitteln

Wie viel Zeit verplanen?

Verplanen Sie nur einen bestimmten Teil Ihrer Arbeitszeit, erfahrungsgemäß ca. 60 %. Die anderen 40 % sollten Sie für Unerwartetes, vor allem Störungen und Zeitfresser, freihalten, damit nicht der Rest Ihrer Planung aus dem Lot gerät. Außerdem kommen Sie so auch nicht in Schwierigkeiten, wenn eine Aktivität mal etwas länger dauert als geplant.

Die 60:40–Regel

Arbeitszeit	
verplant für Aufgaben:	unverplant für Unerwartetes:
60 %	**40 %**

Bei einem Zehnstundentag bedeutet 60:40, dass Sie am Morgen etwa sechs Stunden des Tages realistisch verplant haben. Die weiteren vier Stunden halten Sie für unerwartete Ereignisse und Verzögerungen frei, um flexibel reagieren zu können. Wenn keine unerwarteten Dinge passieren, arbeiten Sie einfach die nächste Aufgabe Ihrer To-do-Liste ab, die nun erste Priorität hat. (Wie eine solche To-do-Liste aussieht, lesen Sie ab Seite 60.)

Vorbereitende Fragen zu Ihrer Planung

1 Wie viel Zeit der 60 % können Sie noch selbst verplanen? Wie viel ist bereits durch feste Termine und Anordnungen des Chefs vorgegeben? Schätzen Sie Ihre Prozentverteilung!

2 Identifizieren Sie wichtige Zeitfresser: Welche Art von Menschen, Aufgaben oder Situationen „wollen" oft unerwartet etwas von Ihnen? Gibt es eine Gesetzmäßigkeit dahinter? Welche?

3 Führungskräfte können in der Regel ihre Zeit freier und selbstständiger verplanen als z. B. Hotline-Mitarbeiter; dafür haben sie auch mehr unerwartete Ereignisse. Legen Sie gegebenenfalls einen eigenen Schlüssel für sich fest,

der zu Ihrem Arbeitsumfeld und Aufgabenbereich passt. Sie müssen nicht sofort die „goldene Verteilung" benennen können. Experimentieren Sie jeweils zwei bis drei Wochen mit einem Wert, der Ihnen nach kurzer Überlegung sinnvoll erscheint. Sobald Sie das Gefühl haben, dass dieser Wert in der Praxis für Sie passt, bleiben Sie dabei.

Gleichartige Arbeiten bündeln

Anstatt Arbeiten so zu erledigen, wie sie gerade anfallen, macht es Sinn, gleichartige Arbeiten in der Planung zu bündeln. Besonders hilfreich ist die Blockbildung in den folgenden Bereichen:

- Telefonate
- Briefe oder E-Mails schreiben
- Fachzeitschriften durcharbeiten
- Spesenabrechnungen durchführen
- Strategisches Arbeiten, Ziele planen usw.

Überlegen Sie: Welche Art Blockbildung können Sie praktizieren? Wann und mit welchen Einschränkungen?

Planen Sie störfreie Zeiten

Eine „stille Stunde", eine Art „Sperrzeit für den Personenverkehr" bringt Ihnen einen enormen Produktivitätsgewinn. Auch, wenn Sie zu den Menschen gehören, die gerne immer ansprechbar sind, sollten Sie sich wenigstens eine Stunde am Tag gönnen, in der Sie ungestört arbeiten können. In dieser Zeit können Sie zum Beispiel konzentriert an einer wichtigen B-Aufgabe arbeiten, ohne dauernd den Faden zu verlieren.

Tragen Sie sich also eine „stille Stunde" genauso wie eine Besprechung oder einen Kundenbesuch – wie einen Termin mit sich selbst – in Ihren Tagesplan ein, und zwar am besten täglich.

Wenn Sie flexible Arbeitszeiten haben, könnten Sie dafür eine Stunde eher kommen, bevor die meisten Kollegen zu arbeiten beginnen, oder eine Stunde später gehen. Ebenso könnten Sie Ihre Mittagspause etwas verlegen. So werden bereits weit weniger Telefonanrufe oder Kollegen Sie unterbrechen. Am besten aber, Sie stellen das Telefon für diese Zeit auf den Anrufbeantworter um oder vereinbaren mit einem Kollegen, dass er die Gespräche in dieser Zeit für Sie annimmt. Umgekehrt können Sie zu einer anderen Zeit das Gleiche für ihn tun.

Überlegen Sie dann, wie Sie Ihrem Umfeld kommunizieren, dass Sie in der betreffenden Zeit nicht gestört werden wollen, z. B durch ein Schild „Bitte nicht stören", eine geschlossene Tür usw. Wenn Sie jemand sprechen möchte, bieten Sie einen Alternativtermin an. In vielen Arbeitsumfeldern funktioniert es sogar recht gut, bestimmte Sprechzeiten einzurichten, beispielsweise von 13:00 bis 16:00 Uhr. Nach einer kurzen Eingewöhnungsphase, in der Sie hart, aber freundlich auf diese Zeiten hinweisen müssen (solange kein Notfall vorliegt), werden Sie überrascht sein, wie gut das klappt.

■ *Reservieren Sie wann immer möglich täglich eine stille Stunde, in der Sie ungestört arbeiten können.* ■

Wie vorgehen bei der Tagesplanung?

Berücksichtigen Sie Ihre Leistungskurve

Jeder Mensch unterliegt in seiner Leistungsfähigkeit während des ganzen Tages bestimmten charakteristischen Schwankungen. Man spricht gemeinhin von „Morgenmenschen" oder „Abendmenschen". Keiner dieser beiden Grundtypen arbeitet besser oder schlechter als der andere – beide arbeiten nur unterschiedlich.

Wie die Leistung am Tag schwankt

Grundsätzlich gilt: Die absolute Leistungshöhe und -tiefe ist individuell verschieden, allen Menschen gemeinsam sind jedoch die relativen, rhythmischen Schwankungen.

Nach dem Mittagessen schließt sich jedoch bei allen das allgemein bekannte Mittagstief an. Wer versucht, dieses Tief durch starken Kaffeegenuss zu bekämpfen, muss wissen, dass er es dadurch nur verlängert. Ein Nickerchen nach dem Mittagessen (optimal 15 Minuten), ein Spaziergang oder eine halbe Stunde progressive Muskelentspannung verändern die Leistungskurve dramatisch und zahlen sich durch die gewonnene Energie am Nachmittag auch zeitlich aus.

Wer es sich leisten kann, sollte übrigens eine ähnliche Ruhepause nach dem Abendessen machen. Schon im Mittelalter haben sich die Mönche durch solche kurze Nickerchen fit gehalten für ihre nächtelange Arbeit an den Handschriften.

Welcher Leistungstyp sind Sie?

Seine persönliche Leistungskurve zu kennen, hilft die Arbeit besser einzuteilen und effizienter zu arbeiten.

Vielleicht gehören Sie zu den Frühaufstehern – die immer weniger werden, da das Fernsehen unsere Gewohnheiten verändert. Wenn Sie morgens gut aus dem Bett kommen und sofort wach und konzentriert an Ihre Arbeit gehen können, Ihre Leistungshochs also etwa der Kurve in der folgenden Grafik entsprechen, dann sollten Sie den frühen Morgen und den Vormittag möglichst nutzen, um Ihre schwierigsten und wichtigsten Aufgaben, die Ihre ganze Konzentration und Leistungsfähigkeit verlangen, anzugehen.

Wenn Sie hingegen abends fit sind (siehe „Leistungskurve des Abendmenschen"), dann nutzen Sie diese Zeit, um konzentriert einige Stunden ohne Unterbrechung zu arbeiten.

Die Leistungskurve des Morgenmenschen

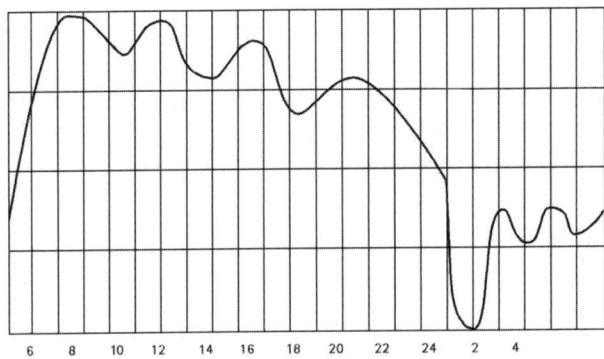

Der Morgenmensch erreicht sein Tageshoch früh am Morgen

Die Leistungskurve des Abendmenschen

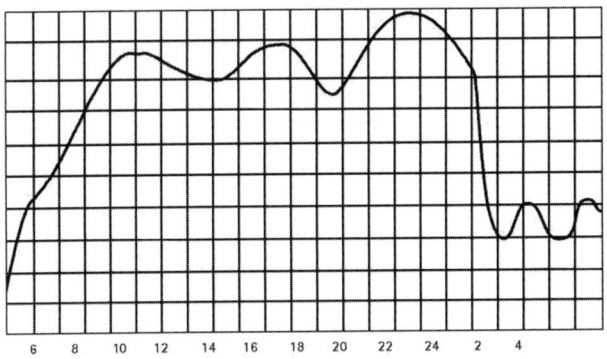

Der Abendmensch ist zwischen 20 und 23 Uhr am produktivsten

Achten Sie auch auf die Tagesstörkurve

Telefonanrufe, unangemeldete Besucher, überraschende Besprechungen, Kollegen, die Rücksprache halten wollen – zu bestimmten Zeiten häufen sich diese Störungen, wie die folgende für den normalen Büroalltag typische Kurve veranschaulicht. Auch diese Kurve sollten Sie bei Ihrer Tagesplanung berücksichtigen.

Tagesstörkurve

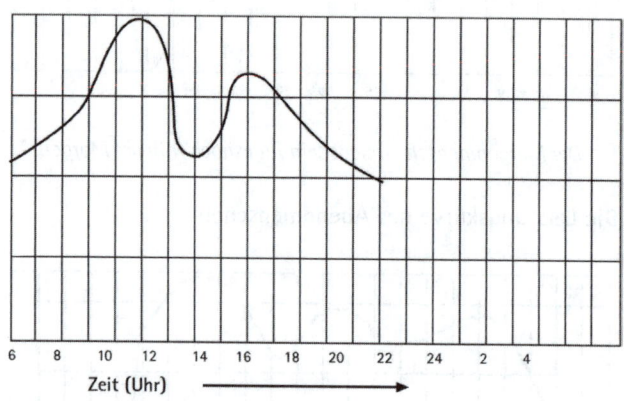

Zu bestimmten Zeiten nehmen Unterbrechungen zu

Aufgaben planen nach Stör- und Leistungskurve

Richten Sie Ihre Planungen nach Ihrer persönlichen Leistungs- und Ihrer Störkurve aus. Wenn Sie z. B. einen wichtigen Vertragstext ausarbeiten müssen, sollten Sie dies zu einem Zeitpunkt tun, an dem sich Ihre Störkurve im unteren sowie die Leistungskurve im oberen Bereich befindet.

Dazu zeichnen Sie sich am besten Ihre Leistungskurve und die Störkurve eines mehr oder weniger typischen Tages auf. Finden Sie Nischen, die Ihnen die Nutzung Ihrer starken Tagesform zu einer Zeit mit wenigen Unterbrechungen für wichtige Aufgaben ermöglichen. Wann ist Ihre optimale Stunde?

So erstellen Sie einen Tagesplan

Nun geht es daran, Ihren Tag konkret zu planen. Erstellen Sie täglich abends Ihren Tagesplan für den nächsten Tag und zu Beginn der Woche oder bereits am Ende Ihrer Woche den Wochenplan.

> ■ *Der Tag ist die kleinste und überschaubare Einheit Ihrer persönlichen Zeitplanung. Wer sein Tagesgeschäft nicht im Griff hat, wird auch langfristige Ziele kaum erreichen.* ■

Wir haben Tausende Menschen befragt, wie lange es dauert, einen Arbeitstag gut zu planen. Die übereinstimmende Antwort lautet: acht bis zehn Minuten. Nehmen Sie sich diese Zeit, um Ihren Tag zu planen.

Ein weiterer Rat zu Beginn: Fangen Sie früh an. Das heißt einerseits, den Tag zu früher Stunde zu beginnen, um einen guten, produktiven Start zu erwischen. Dies gilt insbesondere für Morgenmenschen (siehe Hinweise zur Leistungskurve). Und andererseits – und für alle Typen – heißt das: Fangen Sie sofort mit der wichtigen Arbeit an – und nicht mit Kaffeetrinken, Small Talk oder Zeitunglesen.

Arbeiten mit der To-do-Liste

Für den Tagesplan empfehlen wir die Arbeit mit einer To-do-Liste (auch Aktivitätenliste oder Aufgabenliste):

1 Planen Sie am besten am Vorabend den neuen Tag. Schreiben Sie in einer To-do-Liste oder im To-do-Teil Ihres Kalendariums alle Aktivitäten auf, die am nächsten Tag zu erledigen sind.

2 Überprüfen Sie Ihre To-do-Liste, indem Sie Prioritäten vergeben. Was aus der Liste muss heute erledigt werden?

3 Machen Sie sich eine zusätzliche Liste von kleinen Aufgaben, die nur einige Minuten benötigen. Wenn Sie zwischendurch kurze Leerläufe haben, erledigen Sie eine dieser Aufgaben.

4 Alle Aufgaben, die abends noch offen oder im Laufe des Tages hinzugekommen sind, tragen Sie in eine separate To-do-Liste ein.

To-do-Liste für den Tag

To do	Priorität	erledigt?
Herrn Neumann wg. PC anrufen	B	✓
Verpackungsdesign prüfen	C	
Monatsreporting für Vorstand	A	
Entwurf Produktbeschreibung	B	
Versch. Teesorten für Meeting	C	
Werbeprospekte überfliegen	D	
...		

Die Wochenplanung meistern

Um Balance zu erzielen, regelmäßig Zeit in jede Lebensrolle zu investieren sowie die B-Aufgaben besser in den Alltag zu integrieren, sollten Sie eine Grobplanung auf Wochenebene durchführen. Mit Hilfe des Kieselprinzips (nach Stephen R. Covey u.a.: „Der Weg zum Wesentlichen. Zeitmanagement der vierten Generation", Frankfurt 1997) legen Sie auf Wochenebene quasi ein Fundament, auf das Sie dann später die Tagesplanung aufbauen.

■ *Eine Planung auf Wochenebene bietet genug Freiraum zur Verteilung und mehr Platz für Pufferzeiten sowie Flexibilität, um kurzfristige unerwartete Ereignisse und A-Krisen aufzufangen, ohne komplett durcheinander zu geraten. Gleichzeitig ist eine Woche noch gut überschaubar.* ■

Planen nach dem Kieselprinzip

Stellen Sie sich das Kieselprinzip als folgendes Bild vor: Sie nehmen einen großen Glaskrug und füllen ihn zu etwa 40 % mit Wasser. Dann schütten Sie eine große Portion Sand hinzu und kippen anschließend Kieselsteine darauf. Nun ist der Krug bereits recht voll. Doch Sie müssen noch weitere große Steine unterbringen. Aber schon beim zweiten droht der Krug überzulaufen.

Dieses Bild symbolisiert einen hektischen, ungeplanten Tag, an dem sich alles nach dringlichem Kleinkram – Wasser, Sand und Kieselsteinchen – richtet und für große Aufgaben kaum mehr Platz ist. Eine große Aufgabe mit der Priorität A bekommen Sie vielleicht noch unter, weil sie nun mal besonders wichtig und dringend ist. Vielleicht muss auch noch eine zweite A-Aufgabe unterkommen, weil es Sie sonst den Kopf kostet (wichtiges Vorstandsmeeting, Projektabschluss mit Großkunden). Also zwängen Sie beide in Ihre Tagesplanung hinein. Doch schon mit den anderen Aufgaben kommen Sie ins Schleudern. Und die großen B-Aufgaben, die Sie weit nach vorne bringen und künftige A-Krisen vermeiden würden, lassen Sie ganz liegen.

Beginnen Sie mit wichtigen Aufgaben

Wenn Sie besonders viel zu tun haben, sollten Sie nicht einfach drauflosarbeiten. Überlegen Sie sich, was die größten und schwierigsten Brocken sind, die anliegen, z. B. ein Vertragsentwurf, Ihre Einkommensteuererklärung oder wichtige Entscheidungen wie ein Autokauf. Diese „Brocken" müssen Sie über den Tag hinaus planen.

Eine gute Planung auf Wochenebene sieht also so aus:

1 Im ersten Schritt bringen Sie die großen Steine im Krug unter. Das heißt: Sie verplanen Ihre wichtigsten Prioritäten (A und B, siehe Seite 28). Ihre Wochenplanung sollte aber nur so voll gemacht werden, dass noch Platz bleibt für die weniger wichtigen Dinge – und für Pufferzeiten (denken Sie an die 60:40-Regel, siehe Seite 52).

2 Danach füllen Sie um die großen Brocken herum „den Kleinkram" ein (Kiesel, Sand und Wasser). Hierbei handelt es sich um die C- und D-Aufgaben. Viele von ihnen finden auch in kleineren Lücken Platz: ein Telefonat, eine E-Mail, das Überfliegen eines minder wichtigen Angebots usw.

3   Auch so passt vielleicht noch nicht alles in Ihre Woche –
aber was draußen bleibt, sind die unwichtigeren Dinge im
Vergleich zu den wichtigsten, für die Sie sich nun die nötige Zeit genommen haben.

> ■ *Interpretieren Sie nicht zu viel in dieses Bild. Wesentlich ist: Wenn Sie*
> *die großen Brocken zuerst einplanen, können Sie mehr davon erfolgreich*
> *unterbringen.* ■

Beispiel: Wochenplanung mit erfolgreicher Umsetzung

Herr Neumann lässt die Woche am Samstag mit einer halben Stunde
Planung der Folgewoche ausklingen. Er hält kurz Rückschau und fertigt
eine neue To-do-Liste mit allen unerledigten sowie neuen Aufgaben an,
wobei er die unwichtigeren unerledigten streicht, anstatt sie zu übertragen. Danach schaut er auf seine Liste mit seinen Lebensrollen und jeweili-
gen Zielen. Er sucht sich jetzt für jede Lebensrolle eine B-Aufgabe heraus,
für die er an einem Tag der Woche 90 Minuten einplant. Am Ende der
Woche wird er so allen sieben Lebensrollen einmal Zeit gewidmet haben.
Wenn in der Woche bisher wenig feste Termine (Besprechungen, Reisen)
anliegen, fügt er an einigen Tagen eine weitere B-Aufgabe ein. Anschließend erstellt er einen Tagesplan für Montag: Ausgehend von seinem
Zehnstundentag verplant er insgesamt sechs Stunden für weitere Aufgaben, wobei er die Zeit entsprechend ihrer Priorität reserviert.

Am Montag geht er nach seinem so erstellten Tagesplan vor. Ein Kollege
wendet sich mit einem kleinen Problem an ihn, für das er der Spezialist ist
und das er in einer halben Stunde gelöst hat. Er hat Glück – ansonsten
passiert nichts Unvorhergesehenes und er hatte sich nur um eine Stunde
bei der Planung verschätzt. Die restlichen zweieinhalb Stunden der unver-
planten Zeit kann er also frei einteilen. Herr Neumann arbeitet jetzt noch
für eineinhalb Stunden weitere Punkte seiner To-do-Liste ab, plant am
Ende den Dienstag um das bereits vorhandene Gerüst (B-Aufgaben vom
Kieselprinzip sowie länger feststehende Termine mit anderen) herum auf
und beschließt, die letzte Stunde zum Gleitzeitabbau zu nutzen.

Für die Planung auf Wochenebene hat sich das Kieselprinzip am besten bewährt. Sie können es jedoch auch in der Tages- oder individuellen Projektplanung anwenden.

■ *Eine nach diesem Kieselprinzip ausgerichtete Wochenplanung, die zuerst Zeit für das wirklich Wichtige reserviert, um das sich dann alles andere herum einfügen muss, stellt den Schlüssel für eine ausgewogene Zeit- und Lebensbalance dar.* ■

Arbeiten mit Checklisten

Für regelmäßige Termine und Aufgaben empfiehlt es sich, Checklisten (wöchentlich, monatlich und jährlich) anzulegen. Auf ihnen vermerken Sie alles, woran Sie routinemäßig denken müssen.

Checklisten beantworten grundsätzliche Fragen wie:

- Was gehört dazu?
- Was kommt zuerst?
- Sind die Voraussetzungen erfüllt?
- Habe ich an alles gedacht?
- Ist alles erledigt?

Wer konsequent mit diesen Instrumenten arbeitet, kann bestätigen, dass Checklisten in bestimmten Arbeitsbereichen enorme Zeiteinsparungen ermöglichen. Solche Checklisten lassen sich übrigens nicht nur in der beruflichen, sondern auch in der privaten Planung hervorragend einsetzen.

Vorteile einer Checkliste

- Das Arbeiten mit Checklisten spart Zeit.

- Checklisten reduzieren das Fehlerrisiko, denn Sie müssen bei wiederkehrenden Vorgängen oder gleichen Situationen nicht immer wieder neu mit Ihren Überlegungen ansetzen.

- Mit einer Checkliste bewegen Sie sich ständig auf dem Pfad der Verbesserung. Wenn Sie eine Checkliste durcharbeiten, entdecken Sie weitere Möglichkeiten, wie Sie einen Arbeitsprozess anreichern und optimieren können.

- Schließlich ersparen Ihnen bewährte Checklisten so manche zeitaufwändigen Erklärungen. Wenn Sie Mitarbeitern oder Kollegen eine Checkliste geben, können diese sich mit bestimmten Aufgaben oder Erledigungen schnell vertraut machen.

Wie Sie eine Checkliste anlegen

Eine Checkliste wird in der Regel so erstellt, dass man alle Aktivitäten, die für die erfolgreiche Durchführung zu berücksichtigen sind, in eine sinnvolle Reihenfolge bringt. Das Ganze sollte möglichst konkret und einfach gehalten werden. Alles, was erledigt ist, wird schließlich abgehakt.

Beispiel: Checkliste zur Organisation eines Meetings

Checkliste: Meeting am ...	Termin	✓
▪ Einladungen per Mail verschicken	...	
▪ Besprechungszimmer reservieren		
▪ Technik anfordern		
▪ Teilnehmerliste erstellen und verteilen		
▪ Mittagsbuffet bestellen		
▪ Restaurant für abends reservieren		
▪ Alle Unterlagen einfordern		
▪ Unterlagen sammeln, ordnen, kopieren		
▪ Raum vorbereiten (am Abend vorher)		
▪ Werbemuster neues Produkt verteilen		

Die einzelnen Punkte können Maßnahmen sein, die Sie bei bestimmten Aufgaben ergreifen müssen, aber auch Voraussetzungen, die erfüllt sein müssen, damit Sie zum Beispiel eine gute Entscheidung treffen können.

Wo und wann Checklisten einsetzen?

Im Prinzip können Sie Checklisten überall dort einsetzen, wo gleichartige Tätigkeiten und Entscheidungen zu treffen sind oder ähnliche Prozesse ablaufen. Hier ein paar Beispiele aus dem beruflichen Bereich:

▪ Sie bereiten einen Vertrag vor.

▪ Sie erstellen ein Arbeitszeugnis.

▪ Sie führen ein Bewerbungsgespräch.

- Sie bereiten eine Besprechung/eine Präsentation vor.

- Sie planen ein Projekt.

- Sie führen eine Marktbeobachtung durch.

- Sie führen eine Kontrolle durch (z. B. Projektkosten).

- Sie halten die wichtigsten Arbeitsstationen im Herstellungsprozess XY fest.

- Woran muss die Urlaubsvertretung denken?

- Ein neuer Mitarbeiter kommt: Was ist zu erledigen?

- Ein Mitarbeiter scheidet aus. Was muss die Personalabteilung erledigen?

Doch auch im privaten Bereich finden sich zahlreiche Einsatzmöglichkeiten:

- Sie müssen Ihre Steuerunterlagen vorbereiten.

- Es kommt Besuch.

- Sie fahren in den Urlaub.

- In der Familie werden Hausarbeiten verteilt.

- Es geht um die Entscheidung für eine optimale Altersversorgung.

■ *Mit einer Checkliste können Sie auch Regeln oder die Norm für ein bestimmtes Vorgehen festlegen.* ■

Tipps für das Arbeiten mit Checklisten

- Achten Sie auf Klarheit und Übersichtlichkeit. Nur Checklisten, mit denen Sie auch arbeiten, sind gute Checklisten.

- Checklisten dürfen Sie nicht als zu starres Korsett begreifen. Starten Sie einen Probelauf und korrigieren sowie erweitern Sie eventuell Ihre Checkliste.

- Fragen Sie Kollegen, mit welchen Checklisten sie bereits arbeiten. Manches können Sie an die individuellen Erfordernisse des eigenen Aufgabengebiets anpassen.

- Fragen Sie sich, wer eventuell noch einen Nutzen von Ihren Checklisten haben könnte.

- In manchen Zeitplansystemen finden sich hilfreiche Checklisten, etwa zur Reiseplanung. Dort können Sie auch selbst angelegte Checklisten einheften.

- Im Buchhandel gibt es eine Vielzahl von Checklisten-Büchern. Schauen Sie einfach, welche für Sie passen.

Zeitplanbücher und Handhelds sinnvoll nutzen

Verschiedene Systeme im Überblick

Da wir nicht alles im Kopf behalten können, müssen wir Notizen schreiben. Zur Not auf Zettel und Notizblöcke. Doch die Zettelwirtschaft kann schnell in Desorganisation münden. Wesentlich besser sind daher Zeitplanbücher und Handhelds. Hier finden Sie für jeden Geldbeutel etwas.

Mit To-do-Listen Aufgaben planen

Eines der einfachsten Mittel, die anfallenden Aufgaben effektiv und vollständig zu bewältigen, ist die bereits erwähnte To-do-Liste. Auf einer Seite schreiben Sie einfach auf, was heute unbedingt erledigt werden muss. Auf der anderen Seite können Sie alles aufschreiben, was im Verlauf der Woche erledigt werden muss bzw. bestimmte Bereiche abtragen. Fügen Sie je eine Spalte für Priorität und Fälligkeitsdatum (wo zutreffend) hinzu.

Vorteile: Sehr einfach und kostengünstig, alles dazu Nötige ist in jedem Haushalt und Büro vorhanden – Sie können sofort damit beginnen.

Nachteile: Termine, langfristigere Planungen mit Zeithorizont, Adressen oder thematische Notizen haben auf To-do-Listen keinen Platz.

■ *Wenn Sie noch kein Zeitplansystem benutzen, dann beginnen Sie gleich jetzt mit To-do-Listen zu arbeiten.* ■

Kalender

Wesentlich anspruchsvoller ist der Kalender mit Platz zum Eintragen (z. B Wandkalender, Tischkalender, Wochenquerkalender oder Taschenkalender). In Deutschland werden etwa 250 Mio. Kalender jährlich verkauft, ein Großteil davon verschenkt. Obwohl statistisch jeder drei Kalender haben müsste, ist es so, dass rund 50 % aller Deutschen keinen Kalender führen, nicht einmal die kleine Kunststoffkarte mit dem Jahresüberblick im Portemonnaie.

Vorteile: Kostengünstiges Planungsinstrument, das häufig verschenkt wird.

Nachteile: Oftmals nur Platz für ein bis drei Termine pro Tag. Zudem sind Kalender nur für Termine gedacht und bieten keinen Platz für Aufgaben oder weitere Planungshilfen.

> ■ *Wenn Sie einen Kalender benutzen, legen Sie zur Ergänzung Ihre aktuelle To-do-Liste vorne hinein.* ■

Die Auswahl an Zeitplansystemen ist enorm

Einfache Planer

Planer im unteren Preisbereich (um zehn Euro) bieten schon sehr vieles an, was man von einem modernen Zeitplansystem erwartet. Die niedrigpreisigen Planer haben meist eine Ringmechanik, sodass Sie Blätter ein- und ausheften können. Tages- und Wochenkalender sowie To-do-Listen ermöglichen eine Tages- und Wochenplanung mit Prioritäten, und Platz für Notizzettel ist auch noch.

Vorteile: Günstiger Preis, einfache Handhabung, viel Platz für Notizen und selbst angefertigte Formulare oder Checklisten auf Blankopapier.

Nachteile: Bei Ringheftung Wiederbeschaffung eines passend gelochten Kalendariums oder Ersatznotizpapier schwierig (z. B. im Oktober noch nicht verfügbar, im Dezember schon ausverkauft oder möglicherweise im nächsten Jahr nicht mehr im Handel erhältlich). Nur begrenzte oder keine Auswahl an Formularen.

> ■ Zeitsparen beginnt dort, wo man nicht nur die „typischen" ein bis drei Termine (Zahnarzt, Meeting usw.) pro Tag festhält, sondern den Tag wie in den vorherigen Kapiteln erläutert durchplant – und dabei den wichtigsten Aufgaben feste Zeitblöcke zuordnet. ■

Besser planen mit professionellen Zeitplanbüchern

Umfassende Zeitplansysteme bieten weitaus mehr als einen Terminteil – nicht umsonst spricht man auch von Organizer. Neben einem Kalendarium für unterschiedliche Ansprüche (zum Beispiel eine Woche auf zwei Seiten oder eine Seite pro Tag) enthalten sie Planungshilfen, Jahres- und Monatsübersichten, Checklisten, Notizzettel, ein Adressbuch, aber auch eine Reihe von nützlichen Informationen über Schulferien, Entfernungen, Tarife, internationale Feiertage sowie ein Zitat des Tages und vieles mehr.

Professionelle Zeitplansysteme sind im Handel oder per Direktbestellung erhältlich und kosten ab 50 Euro aufwärts. Doch nur bei der ersten Anschaffung sind die Kosten richtig hoch, denn im nächsten Jahr kann der Ringbuchinhalt separat gekauft werden. Man hat zudem die Gewähr, dass man das ganze Jahr über nicht nur Kalendarien, sondern auch ausgefeilte Formulare oder spezielles Zubehör erwerben kann. Die größten Hersteller im deutschsprachigen Europa sind tempus, Time/system, Success und fILOFAX.

Vorteile: Professionelle Lösung mit guter Systematik, zahlreiche Planungshilfen, Monats- und Jahresübersichten, Adressbuch, Notizzettel sowie nützliche Zusatzinformationen erhältlich oder sogar bereits in der Standardlösung enthalten; Ringbuchhülle in verschiedenen Ausfertigungen, oft auch individuell nach Material, Farben und Größen wählbar; Platz für Schreibgeräte, Visitenkarten, Kreditkarten; dank farblicher Register können Notizen zu verschiedenen Bereichen systematisch abgelegt werden.

> ■ *Wenn Sie den PC für Ihre langfristige Planung nutzen, können Sie von einem weiteren Vorteil profitieren: Es gibt bereits fertig gelochte Blätter, die vom Drucker eingezogen werden können. So können Sie z. B. Ihre Daten der Tagesplanung aus Outlook im Format des Zeitplanbuchs ausdrucken.* ■

Nachteile: Teuer, vor allem bei der Erstanschaffung; Führung ist unter Umständen aufwändig; mit Verlust des Zeitplansystems geht unter Umständen eine sehr große Menge an Informationen, Terminen und weiteren Daten verloren – machen Sie sich daher die Mühe, einmal pro Halbjahr zumindest die Monatsübersichten zur Sicherheit durchzukopieren.

> ■ Mit einem Zeitplansystem haben Sie eine optimale Verwaltung Ihrer Termine und Aufgaben. Und Sie können wichtige Daten wie z. B. Telefon- und Gesprächnotizen strukturiert festhalten. Mit dieser professionellen Verwaltung gewinnen Sie mehr Sicherheit und vergessen weniger. ■

Handhelds

In Europa hat allein die Firma Palm in den ersten Jahren des Handheldbooms über zwei Millionen Geräte verkauft. Neben „Spielzeugen" aus dem Supermarkt sind professionelle Geräte gebraucht schon ab 50 Euro erhältlich. Nach oben endet die Preisskala für Neugeräte bei ca. 1000 Euro. Außer Terminen, Adressen, Aufgaben und Notizen verwalten die kleinen Alleskönner je nach Modell und optionalen Erweiterungen Ihre E-Mails, Fahrpläne, wichtige Dokumente sowie ganze Bücher in elektronischer Form, sogar Präsentationen, die man direkt auf Projektoren und Monitoren wiedergeben kann, und vieles mehr.

Zu den Vor- und Nachteilen der elektronischen Organizer erfahren Sie mehr im folgenden Kapitel.

Papier oder Elektronik?

Es gab eine Zeit, da war ein Zeitplansystem ein Kultgegenstand und selbstverständlich aus Leder und Papier. Inzwischen sind immer mehr Organizer aus silberfarbenem, kühlem Metall und heißen Personal Digital Assistent (PDA) oder auch Handheld. Doch bloß weil PDAs moderner und elektronisch sind, sind sie nicht automatisch für jede Person und jeden Bereich besser geeignet als ihre bewährten Kollegen aus Papier. Wir geben Ihnen in diesem Kapitel Denkanstöße, damit Sie das für Sie passende System finden können.

Welche Vorteile elektronische Organizer bieten

Ein PDA (Personal Digital Assistent, z. B. ein Palm oder ein Pocket PC) ist deutlich kleiner als ein Zeitplanbuch. Hauptvorteil gegenüber einem Papier-Organizer: Seine Kapazität ist nahezu unbegrenzt. Kleinste aktuelle Modelle fassen z. B. hunderte Adressen sowie Notizen, alle Termine über fünf Jahre, komplette Bücher und vieles mehr.

Sie können fast alle Informationen zumindest begrenzt mit dem PC abgleichen: z. B. Adressen, Aufgaben, Termine, Notizen, E-Mails, Word- oder Exceldokumente, PDF-Dateien, PowerPoint-Präsentationen. Das heißt, wenn Sie Termine am Schreibtisch in Ihren PC-Kalender eintragen (etwa in Outlook), können Sie sich die Daten überspielen.

Außerdem hat ein Handheld folgende Vorteile:

- Sie können jederzeit eingetragene Daten löschen, ändern, komplett überschreiben etc. Auf dem Papier werden Korrekturen viel schneller unübersichtlich.

- Er ist geeignet für die einfache, tägliche Datensicherung (Kopien).

- Die Daten können verschlüsselt werden.

- Variables Sortieren möglich: Sie können Ihre Aufgabenliste mit einem Klick nach Priorität oder zugewiesenen Kategorien (z. B. Projekte, Lebensrollen) sortieren oder zwischendurch auch einmal nach Fälligkeitsdatum.

- Sie können eine Volltextsuche starten (Termine diese Woche, Termine mit Herrn Meier, Termine für Projekt A).

- Sie können sich am PC mit Kollegen vernetzen (Gruppenterminplanung, freie Zeiten in Kalender von Kollegen suchen, gemeinsames Arbeiten an Dokumenten).

- Sie können verschiedene Daten verbinden.

Beispiel
Entsprechend ausgestattete Kontaktmanager am PC erkennen über die Telefonleitung Anrufer anhand der Rufnummer und öffnen den passenden Adressbucheintrag mit Gesprächsnotizen, den letzten vom Anrufer stammenden Vertragsentwurf sowie Ihre Zielsetzungen fürs nächste Gespräch mit dieser Person.

Schwächen der elektronischen Organizer

- Hoher Anschaffungspreis (das Kalendarium reicht zwar Ihr ganzes Leben lang, aber im Schnitt wechseln Handheldbenutzer alle zwei bis drei Jahre das Gerät – auch wenn es bei pfleglicher Behandlung ohne Unfälle oft länger hält).

- Batterien, geladener Akku oder Steckdose nötig.

- Anfälligkeit: ein halb- oder gar mehrstündiger Ausfall kann jederzeit auftreten und ist im Durchschnitt einmal alle zwei Jahre wahrscheinlich.

- Die Dateneingabe erfordert hohe Aufmerksamkeit (beim Telefonieren oder in Gesprächen „blind mit einer Hand" Notizen zu machen wie auf Papier ist selbst langjährigen PDA-Profis oft zu umständlich).

- Starre/vorgegebene Struktur der Programme.

Vorteile von Papier-Organizern

- Vertrautes Medium, quasi keine Lernkurve.

- Bilder, Skizzen sowie Illustrationen sind einfach und an jeder Stelle problemlos einfügbar.

- Bessere Übersicht (mehrere Seiten können schnell nebeneinander gelegt werden, ausfaltbare Pläne etc.).

- Einfügen von Markierungen an jeder Stelle möglich.

- Sie können Kalenderseiten nach eigenen Vorstellungen anpassen (z. B. Feld für Anrufe unten im Tagesplan einfügen).

- „Gehirngerechte Struktur" durch unbewusstes Anordnen der Teile von Stichwortnotizen. Bei elektronischen Lösungen müssen Sie meist auf Linien in eine feste Struktur schreiben. Auf dem Papier können Sie den Text beliebig anordnen, dadurch viel einfacher grafisch gliedern und sich ein System für Interviews und Vorträge schaffen, z. B.: Kontaktdaten rechts oben in die Ecke, To Dos für mich rechts unten, links Notizen und rechts in der Mitte die drei Hauptaussagen o. Ä. Während des Mitschreibens ist es auf dem Papier sehr einfach, zwischen diesen grafischen Blöcken hin- und herzuspringen.

Schwächen der Papier-Organizer

- (Mehrfache) Änderung der Daten schwierig.
- Datensicherung sehr aufwendig, Verlust kann daher quasi Katastrophe sein.
- Aufwändigere Führung bei Terminserien oder Terminen im Voraus.
- Abgleich mit Daten aus einem elektronischem Bürosystem ist sehr aufwändig.

Finden Sie Ihr System

Jeder geht anders mit seinen Notizen, Dokumenten, mit der Aufgabenplanung und Terminen um. Die Hilfsmittel sollen Ihnen dienen, nicht Sie zum Sklaven machen. Nutzen Sie ein Hauptsystem und, soweit sinnvoll, ein zweites zur Ergänzung wo es für Sie passt. Ein Zeitplanbuch für das Anfertigen von Mindmaps sowie „gehirngerechten" Telefonmitschriften mit frei angeordnetem Text und kleinen Skizzen, in das Sie auch noch Prospekte oder Infozettel aus Papier einheften können, kann z. B. die ideale Ergänzung für den PDA-Freak sein.

Wenn Sie hingegen Elektronik nicht mögen und in langjähriger Kleinarbeit Ihr Papiersystem optimal angepasst haben, ist ein elektronischer Organizer, den Sie ausschließlich für Ihre Adressen nutzen (mit PC-Abgleich), wahrscheinlich die optimale Ergänzung.

■ *Experimentieren Sie, probieren Sie die Systeme aus, bevor Sie sich entscheiden. Vielleicht können Sie ein paar Tage einen alten PDA von einem Kollegen ausleihen oder bekommen die übrigen Blätter seines ausgedienten Zeitplanbuchs.* ■

Checkliste: Argumente für die Auswahl Ihres Zeitplansystems

• Tun Sie sich schwer im Umgang mit Computern und anderen elektronischen Geräten, obwohl Sie es bereits mehrmals und längere Zeit versucht haben? Wenn ja, sollte der Papierplaner Ihr Hauptarbeitsmittel sein.
• Arbeiten Sie viel mit dem PC (Outlook, andere Verwaltungsprogramme)? Das spricht eher für einen elektronischen Organizer.
• Wie wichtig sind Datenübertragung und Datenabgleich mit Kollegen?
• Welches System führen Ihre Kollegen oder Partner (wichtig für Hilfestellung, Corporate Identity, Datenabgleich, Erfahrungsaustausch)?
• Wie wichtig ist der Planer für Ihr Auftreten bei Kunden und Partnern? Wirkt Papier vielleicht veraltet? Wirkt ein elektronischer Organizer vielleicht zu verspielt? Könnten Kunden den Eindruck der „Überwachung" bekommen?

So gestalten Sie Ihren Tag

Die Papier- und E-Mail-Flut steigt unerbittlich,
Telefonate und Besprechungen füllen den
Büroalltag. Verzweifeln Sie nicht, es gibt erfolgreiche Rezepte, wie Sie trotzdem zu Ihrer Arbeit
kommen.

www.taschenguide.de

Kampf den Zeitfressern

Hier bieten wir Ihnen einige effektive Tipps an, um Zeitverschwender und Störungen zu erkennen, zu reduzieren oder gar zu beseitigen.

Identifizieren Sie Ihre Zeitfresser!

Finden Sie in der folgenden Checkliste Ihre Zeitdiebe wieder?

Wo liegen Ihre Zeitfresser?

▪ Sie haben keine Ziele und Prioritäten	
▪ Sie führen keine Tages-/Wochen-/Monatspläne.	
▪ Sie versuchen, zu viel auf einmal zu tun.	
▪ Lange Wartezeiten (Verabredungen)	
▪ Sie stoßen auf mangelnde Motivation oder indifferentes Verhalten.	
▪ Sie können nur schwer nein sagen.	
▪ Sie können Ihre Aufgaben nicht zu Ende führen.	
▪ Sie sind kein guter Zuhörer, einiges geht an Ihnen vorbei.	
▪ Sie wollen immer alle Fakten wissen.	
▪ Sie neigen zum Perfektionismus.	
▪ Sie sind zu viel mit Papierkram und Lesen beschäftigt.	
▪ Sie haben ein schlechtes Ablagesystem.	
▪ Sie können oder wollen zu wenig delegieren.	

• Sie werden nicht ausreichend informiert.	
• Sie sitzen zu viel in unnötigen, langwierigen, schlecht vorbereiteten Besprechungen.	
• Sie werden durch Schwätzchen und Getratsche über Kollegen aufgehalten.	
• Das Zeitbudget für Ihre Aufgaben wird oft falsch eingeschätzt (von anderen, von Ihnen).	
• Sie haben den Wunsch, immer alle zu beteiligen.	
• Sie verlieren Zeit mit Techniken, die Sie nicht verstehen. Sie sind zu wenig auf die notwendige Technik/EDV geschult.	
• Sie haben noch nie an einer Zeitmanagement-Schulung teilgenommen.	

Sie sollten Ihre wichtigsten Zeitfresser erkennen und gezielt bekämpfen. Definieren Sie geeignete Maßnahmen, um sie zu besiegen. Gehen Sie einen Zeitdieb nach dem anderen mit Hilfe konkreter Ziele an.

Wie Sie Störungen und Unterbrechungen reduzieren

Störungen zu identifizieren und zu analysieren ist besonders wichtig, damit Sie zu Ihren eigentlichen Aufgaben kommen und Ihre Ziele verfolgen können. Folgende Lösungsideen bieten sich an, wenn Sie zu oft durch andere gestört werden.

Tipps für Führungskräfte

- Legen Sie in regelmäßigen Besprechungen Prioritäten fest, damit Sie nicht die meiste Zeit, sondern jeweils nur kurz und am Ende über unwichtigere Dinge diskutieren.

- Legen Sie Zeiten fest, zu denen Sie regelmäßig ansprechbar sind.

- Lernen Sie Management by Exception (Ausnahmen). Das bedeutet, dass Ihre Mitarbeiter relativ selbstständig agieren und Sie nur tätig werden (mit Rat, Hilfe oder Anweisungen), wenn etwas nicht klappt oder nicht nach Plan läuft. Ansonsten sollten Sie vom Tagesgeschäft entlastet werden.

- Tragen Sie sich Termine für Ihre strategischen Aufgaben in Ihren Tagesplan ein (siehe „stille Stunden", Seite 53 f.).

Tipps für Mitarbeiter

Unterbrechungen sind oft nicht zu vermeiden, aber Sie sind ihnen auch nicht hilflos ausgeliefert. Halten Sie Unterbrechungen vor allem möglichst kurz, sonst benötigen Sie zu lange, um sich wieder auf die ursprüngliche Tätigkeit zurückzubesinnen.

Und so vermeiden Sie (lange) Unterbrechungen:

- Seien Sie ehrlich. Wenn Sie beschäftigt sind, sagen Sie es dem Störer oder der Störerin. Sie können ganz freundlich abwinken und um Verständnis bitten: „Es tut mir Leid, aber jetzt geht es ganz schlecht. Der Bericht hier soll heute Abend fertig werden. Sie wissen ja, wie das ist ..."

- Schlagen Sie einen Alternativtermin für Gespräche vor, die im unpassenden Moment kommen.

- Wenn Kunden Sie stören, können Sie das selbstverständlich nicht ignorieren. Stellen Sie aber immer klar, ob Sie der richtige Ansprechpartner sind.

- Ein kleiner Trick, Störungen kurz zu halten: Stehen Sie bei unerwarteten Besuchern auf und gehen Sie ihnen entgegen. Stellen Sie keinen Stuhl in die Nähe Ihres Schreibtischs.

- Wenn Sie auf Vielredner stoßen oder gar welche am Nachbarschreibtisch sitzen haben, ist es oft schwierig, Gespräche zu vermeiden oder abzukürzen. Vereinbaren Sie ein Signal mit anderen Kollegen, damit diese Sie in prekären Situationen „retten" können.

- Reduzieren Sie den persönlichen Kontakt mit Vielrednern. Augenkontakt lädt zu Smalltalk ein.

- Halten Sie Ihre Tür geschlossen. Im Großraumbüro sollten Sie eine Pflanze zwischen sich und die anderen platzieren, damit Sie einen etwas abgeschirmten Bereich haben.

- Stellen Sie Ihre Möbel so, dass Sie nicht mit dem Gesicht zur Tür oder einem Durchgang sitzen.

- Vereinbaren Sie mit Ihren Kollegen ein Zeichen dafür, dass Sie jetzt nicht gestört werden möchten (auf dem Kopf stehender Stoffbär o. Ä. – nach den ersten dummen Witzen darüber funktioniert es meist sehr gut).

- Planen Sie Ihre stillen Stunden.

- Nutzen Sie für wichtige Arbeiten, die Ihre volle Konzentration verlangen, öfter leer stehende Zimmer. Verziehen Sie sich zum Beispiel ins Konferenzzimmer, in die Bibliothek oder in Zimmer von Kollegen, die im Urlaub sind.

- Wenn Sie etwas zu besprechen haben: Bringen Sie den Small Talk schnell hinter sich. Kommen Sie gleich zum Thema, und bleiben Sie konsequent dabei.

- Kehren Sie nach einer Unterbrechung sofort zu Ihrer begonnenen Aufgabe zurück.

Wie Sie die „Aufschieberitis" überwinden

Es kommt immer wieder vor, dass man Aufgaben tage- oder wochenlang vor sich herschiebt. Irgendwann werden diese Aufgaben brennend und man muss mit Power und unter Druck alles fertig machen – die Ergebnisse stehen dann oft weit hinter dem zurück, was man bei rechtzeitiger Erledigung hätte erreichen können, vom Stress ganz zu schweigen.

Die „Aufschieberitis" lässt sich im Wesentlichen auf drei Hauptursachen zurückführen:

- Wir verschieben unangenehme Dinge und befassen uns lieber mit unwichtigen Kleinigkeiten.
- Wir verschieben schwierige Dinge.
- Wir verschieben Dinge, die harte Entscheidungen von uns verlangen.

Dabei sind es gerade die unangenehmen, schwierigen Aktivitäten und harten Entscheidungen, die am meisten zu unserem Erfolg beitragen.

Übung

- Analysieren und entscheiden Sie: Welche Aufgaben überfordern Sie? Welche Gegenmaßnahmen können Sie ergreifen und wann? _____

_____

_____

_____

- Nach welcher Grundregel werden Sie ab sofort handeln, um Ihre „Aufschieberitis" einzudämmen? _____

_____

_____

_____

_____

So bekämpfen Sie die „Aufschieberitis"

Schieben Sie unangenehme Dinge nicht auf. Auch Schwieriges wird durch Aufschieben nicht leichter. Sie belasten Ihre psychische Gesundheit nur noch mehr durch die Verdrängung, die dabei stattfindet.

- Klären Sie, warum Sie eine Sache nicht mögen.

- Beschließen Sie, Selbstdisziplin vor das Lustprinzip zu stellen. Versuchen Sie sich zu motivieren: Wenn Sie sich z. B. endlich einmal hinsetzen und eine Stunde lang die langweiligen, aufgeschobenen Reisekostenabrechnungen für die letzten Monate erledigen, haben Sie ein paar Tage später 1000 Euro mehr auf dem Konto – wo sonst bekommt man einen so hohen „Stundenlohn"?

- Denken Sie daran: Sie werden die nervigen, aber nötigen Aufgaben nur dann los, wenn Sie sie erledigen.

- Planen Sie bewusst die nächsten Schritte mit dem Ziel der Erledigung. Wenn Sie schon eine Stunde völlig entnervt im Stau langsam voranrollen, lässt ein Schild „Baustelle 2 km" Sie wieder aufleben – Sie sehen die Ursache des Staus und dass er nach Erreichen der Baustelle bald vorbei sein wird. So wie das Schild wirken auch Ziele und Teilschritte für unangenehme oder schwierige Aufgaben motivierend.

- Belohnen Sie sich, wenn Sie eine unangenehme Aufgabe bewältigt haben.

Fragen Sie sich auch:

- Benutzen Sie gerne bestimmte Aufgabe(n) als vorgeschobene Entschuldigung, eine andere wichtige zu verzögern oder zu umgehen?
- Haben Sie vielleicht eine falsche Einstellung gegenüber dem Delegieren?
- Treiben Sie Ihre Perfektion vielleicht auf die Spitze?
- Wissen Sie vielleicht nicht, wie Sie die neue, unangenehme oder schwierige Aufgabe anpacken sollen?
- Ist vielleicht eine Lieblingsaufgabe ein Ausweg zur schnellen Befriedigung?

Definieren Sie Ihre Strategien gegen die Aufschieberitis. Wenn Sie hier einen besonders großen Handlungsbedarf sehen, sollten Sie überlegen, ob Sie nicht vielleicht einen externen Coach um Unterstützung bitten.

Meetings und Telefonate effektiver führen

Wir verbringen einen Großteil unserer Zeit mit Telefonaten und Besprechungen, die wir mit einigen Grundregeln und Planung nicht nur schneller, sondern auch mit besseren Ergebnissen beenden können.

Tipps fürs Telefonieren

Zunächst einmal ist es wichtig, dass Sie die Funktionen Ihres Telefons gut kennen: Rufumleitung, Stummschaltung, Kurz-

wahl, Wahlwiederholung, Anruferliste, Fernabfrage oder Be-
nachrichtigung des Anrufbeantworters usw. sind nützliche
Funktionen, die sich schnell bezahlt machen.

Wenn Sie viel telefonieren, lohnt sich für Sie vielleicht auch
Sonderzubehör. Sie können z. B. spezielle Adressmanager auf
dem PC nicht nur zum direkten Wählen per Mausklick nutzen. Bei eingehenden Anrufen mit Rufnummernübermittlung
öffnen die Adressmanager auch automatisch den Adressein-
trag des Anrufers sowie die damit verknüpften Notizen.

Ein Headset erspart Ihnen den Besuch beim Physiothera-
peuten nach umfangreichen Mitschriften. Über Freisprech-
einrichtung, Zweithörer etc. können weitere Kollegen am
Gespräch teilnehmen.

Zeitsparend telefonieren

- Fassen Sie Telefonate zu Blöcken zusammen und erledigen Sie sie nacheinander. Legen Sie hierfür einen Tele-
  fonplan in Ihrem Zeitplansystem an.

- Notieren Sie vorher kurz und stichwortartig Ihre Ziele und
  Fragen für die Gespräche. Denken Sie vor Verhandlungen
  auch über Gegenargumente sowie Alternativvorschläge
  für die Argumente des Partners nach. Halten Sie eventuell
  benötigte Unterlagen vor dem Gespräch bereit.

- Bevor Sie anfangen, sagen Sie kurz, worum es geht. Wenn
  Sie einem falschen Ansprechpartner minutenlang Ihr
  technisches Problem schildern, kostet das Sie beide Zeit.

- Fragen Sie vor längeren Gesprächen, ob der andere jetzt Zeit für die entsprechenden Punkte hat.

- Kluge Notizen während des Gesprächs ersparen Ihnen peinliche Nachfragen oder längeres Grübeln („Wann war jetzt noch mal der Termin?").

- Schreiben Sie Ergebnisse und Folgeaktivitäten des Gesprächs auf.

- Fassen Sie sich kurz und beenden Sie (geschäftliche) Telefonate zügig. Trotzdem können Sie dabei freundlich bleiben. Fassen Sie das Gespräch am Ende kurz zusammen – das hilft auch Ihnen, das Wichtigste zu speichern.

- Wenn der Anrufbeantworter drangeht: Fassen Sie sich kurz. Wiederholen Sie Ihre Rückrufnummer. Wenn Sie nichts aufsprechen wollen, legen Sie *vor* dem Piepston auf.

- Bei Anrufen: Blocken Sie Small Talk ab, wenn Sie es eilig haben. Mit der Frage „Was kann ich für Sie tun?" kommen Sie am schnellsten zum Kern der Sache. Wenn das Telefonat zu lange dauert oder Sie sehr beschäftigt sind, können Sie das Gespräch auch unterbrechen und einen Rückruf anbieten.

Ruhe vor dem Telefon

Richten Sie stille Stunden ein. Ihr Kollege kann Ihr Telefon annehmen, danach übernehmen Sie entsprechend seines. Stellen Sie beim Abschirmen über den Anrufbeantworter die Mithörfunktion aus – sonst können Sie auch selbst rangehen. Lassen Sie andere nicht lügen oder Geschichten erfinden. „Er ist gerade nicht erreichbar. Kann ich etwas ausrichten, für Sie tun oder können Sie nach 16:00 zurückrufen?" reicht.

Was Meetings effektiv macht

Besprechungen – die moderne Alternative zur Arbeit

„Sind Sie einsam? Gehen Sie zu einer Besprechung! Sie können dort:

- nette Leute treffen,
- sich wichtig fühlen,
- Flipcharts erstellen,
- Ihre Kollegen beeindrucken,
- Kaffee, Getränke und Knabbereien genießen

... und all dies während der Arbeitszeit."

In diesem ironischen Aushang in einem Büro steckt sicher mehr als ein Körnchen Wahrheit. Was kostet es wohl, wenn Sie und fünf Ihrer Kollegen eine viertel Stunde auf zwei weitere Teilnehmer warten müssen oder eine Stunde unnütz in einem schlecht vorbereiteten oder gar unnötigen Meeting vergeuden? Sie können dies ja einmal auf ein Jahr hochrechnen: Bei zweiwöchentlichen Besprechungen ergeben sich in der Tat immense Kosten – die genauso zu vermeiden wären wie die verschwendete Zeit.

Mit ein paar einfachen sowie lapidar erscheinenden Grundregeln, die aber leider häufig nicht beachtet werden, können Sie Ihre Besprechungen effektiver gestalten.

Checkliste: Tipps für effektive Besprechungen

▪ Erstellen Sie eine klare, schriftliche Tagesordnung.	
▪ Legen Sie Ziele fest. Beschreiben Sie dabei auch, welche Art Ergebnisse erreicht werden soll.	
▪ Sorgen Sie dafür, dass alle Unterlagen rechtzeitig vorher und nicht erst zu Beginn des Meetings ausgegeben werden.	
▪ Die Teilnehmer müssen sich vorbereiten.	
▪ Legen Sie vorher eindeutig einen qualifizierten Leiter für die Besprechung fest	
▪ Halten Sie Anfang und Ende unbedingt ein!	
▪ Flipcharts visualisieren Fragen und Zwischenergebnisse.	
▪ Kurze Pausen und frische Luft machen wieder aufmerksam und munter.	
▪ Protokolle sind kurz und knapp zu halten. Aufgaben werden am besten in einer To-do-Liste festgehalten. (Wer? Was? Wann?)	

▪ *Besprechungen können ein Vergnügen sein, wenn sie auch effektiv sind.* ▪

Worauf achten vor der Besprechung?

„Die besten Besprechungen sind die, die nicht stattfinden."
Nun, das ist nicht immer richtig – dennoch sollten Sie Alter-

nativen prüfen: Können z. B. zwei Besprechungen zusammengelegt werden (gerade, wenn Teilnehmer anreisen müssen)? Ist eine Telefonkonferenz oder eine Entscheidung eines höheren Verantwortlichen bzw. eines kleinen, hierfür benannten Teams die bessere Alternative?

Ersparen Sie es Kollegen oder Mitarbeitern, ihre Zeit unnötig in Besprechungen zu verbringen. Halten Sie die Teilnehmerzahl generell klein. Fragen Sie:

- Wer ist von Entscheidungen der Besprechung wirklich direkt betroffen? Reicht ein Stellvertreter für alle?

- Wer verfügt über das nötige Fachwissen und wird wirklich gebraucht?

- Wer trägt die (rechtliche, finanzielle, administrative) Verantwortung für die Entscheidungen? Und wer führt die Entscheidungen aus? Reicht es, wenn diese Personen informiert werden (etwa durch das Protokoll)?

- Ist ein Moderator unbedingt nötig? Wer der ohnehin Anwesenden könnte die Moderation übernehmen?

- Überlegen Sie, ob einige Teilnehmer eventuell nur bei den ersten Punkten der Tagesordnung anwesend sein müssen. Stellen Sie die Tagesordnung gegebenenfalls entsprechend um.

> ■ *Für den Erfolg einer Besprechung wirklich wichtige Personen sind der Leiter bzw. Moderator und der Protokollant. Der Leiter ist gleichzeitig als „Zeitwächter" für die Einhaltung des Zeitplans und die Begrenzung zu langer Einzelbeiträge verantwortlich.* ■

Spielregeln für die Besprechung festlegen

Vereinbaren Sie allgemeingültige Regeln für die Kommunikation und Zusammenarbeit, die an alle weitergegeben werden. Hierzu zählen z. B. Redezeitbegrenzungen, das Verhalten in festgefahrenen Situationen, Feedbackregeln und Regeln zur Entscheidungsfindung.

Vereinbaren Sie mit allen in Ihrer Abteilung für interne Meetings harte Strafen für Verspätungen. Wer zu spät kommt, muss später den Raum aufräumen, für alle das Mittagessen bezahlen oder er darf an der momentanen Sitzung nicht mehr teilnehmen. Das klingt sehr hart, ist aber der einzige Weg, ständige Verzögerungen durch die zu spät Kommenden zu vermeiden. Wichtig ist, dass die Sanktionen nicht zur heimlichen Belohnung für die anderen werden („Wer ist heute der edle Eisspender?"), und dass alle vorher zugestimmt haben. Spätestens nachdem Sie dreimal „durchgegriffen" haben, funktioniert diese Methode.

Wie Zeit sparen während der Besprechung?

Achten Sie während der Besprechung auf die zeitkritischen Punkte: ablenkende Unterhaltungen, Abschweifungen, festgefahrene Meinungsverschiedenheiten, pure Machtkämpfe, der tote Punkt, falsche Informationen vorab oder übereilte Beschlüsse sind nicht mehr zielführend. Manchmal sind dann eine kurze Pause oder eine Vertagung bestimmter Punkte besser als das Problem sofort lösen zu wollen.

Fassen Sie am Ende die Ergebnisse zusammen. Halten Sie schriftlich fest, was wann von wem durchzuführen ist. Vereinbaren Sie benötigte Folgebesprechungen.

Schreiben Sie Protokolle sofort auf dem Notebook mit, dann können Sie sie im Anschluss an die Besprechung direkt an alle Betroffenen mailen bzw. ausdrucken und verteilen. Optimal ist es, wenn Sie das Protokoll bereits während der Erstellung zur Kontrolle mit einem Videoprojektor zeigen – Missverständnisse lassen sich so sofort beseitigen.

Lernen Sie zu delegieren

Viele Leute machen noch immer Aufgaben selber, die Kollegen oder Mitarbeiter wesentlich schneller und besser erledigen könnten. Als Rechtfertigung werden immer wieder dieselben Gründe vorgebracht, zum Beispiel:

- Delegieren ist riskant.

- Es macht mehr Spaß, alles selbst zu machen.

- Ich kann es besser. Ich bin schließlich der Experte.

- Es geht schneller, wenn ich es selber mache.

- Ich mache diese Arbeit gern.

Nie vorgebracht werden hingegen die wirklichen Motive: Etwa, dass man unsicher ist und sich keine Blöße geben möchte („Vielleicht macht Kollegin Müller das ja viel besser als ich?"). Oder dass man die Kontrolle über seine Aufgaben nicht verlieren möchte. Oder dass man schlichtweg eingebildet ist und sich für unabkömmlich hält. Oder dass man Angst hat, Macht zu verlieren.

Dabei erspart Ihnen Delegieren nicht nur Arbeit, sondern hat noch weitere Vorteile, die oft übersehen werden:

- Sie können Ihre Stärken woanders effektiver einsetzen.
- Andere Menschen können von den Aufgaben profitieren, die Sie delegieren – Verantwortung zu tragen motiviert.
- Sie können die gewonnene Zeit für andere Projekte nutzen, für Aus- und Fortbildung, für Ihre Planung, für kreative Aufgaben, für die Pflege von Beziehungen etc.

Delegieren kann man lernen. Auch wenn man keine Führungsposition innehat. Und wenn Sie sich zwischen zahlreichen Aufgaben zu zerreißen drohen, *müssen* Sie es sogar lernen, wenn Sie weiterkommen wollen und nicht irgendwann einmal zu den Burn-out-Opfern zählen wollen.

■ *Delegation ist ein ausgezeichnetes Mittel der Personalentwicklung. Sie gewinnen damit neue Kompetenzen und Kreativität für die Zukunft des Unternehmens.* ■

So delegieren Sie erfolgreich

Besonders im Bereich Ihrer C- und D-Aufgaben sollten Sie öfter einmal delegieren, wenn Ihnen dies in der Unternehmenshierarchie möglich ist.

Grundsätzlich gilt: Wenn Sie Aufgaben delegieren, muss der Mitarbeiter oder betroffene Kollege

- verstanden haben, was Sie getan haben wollen,
- davon überzeugt sein, dass diese Aufgabe auch im eigenen Interesse liegt,
- davon überzeugt sein, dass diese Aufgabe für den Erfolg des Betriebs wichtig ist,
- in der Lage sein, die Aufgabe aufgrund seiner Fähigkeiten auszuführen.

Denken Sie daran: Alles, was Sie nicht kommunizieren, kann auch nicht erledigt werden. Greifen Sie auf bewährte Checklisten zurück (siehe Seite 64), das gibt den beauftragten Mitarbeitern oder Kollegen zusätzliche Sicherheit. Worauf Sie beim Delegieren außerdem achten sollten, finden Sie in den folgenden zehn Regeln auf den Punkt gebracht.

Die zehn Regeln erfolgreichen Delegierens

1 **D**enken Sie nach, was Sie delegieren wollen.

2 **E**ntscheiden Sie, an wen Sie es delegieren.

3 **L**isten Sie auf, was zu tun ist.

4 **E**rklären Sie die einzelnen Aufgabenschritte.

5 **G**eben Sie genügend Training und Feedback.

6 **A**ufgaben müssen Freiraum für eigene Entscheidungen beinhalten.

7 **T**hematisieren Sie die erfolgte Delegation bei allen, die es angeht.

8 **I**ntervenieren Sie nur nach vereinbarten Regeln.

9 **O**ffene Kommunikation ist die Voraussetzung für einen gemeinsamen Erfolg.

10 **N**achkontrolle: Bewerten und loben Sie die erbrachte Leistung.

Schaffen Sie Ordnung auf Ihrem Schreibtisch

Zeitersparnis ist ein großes Argument für ein gewisses Maß an Ordnung und System. Daher geben wir Ihnen in diesem Kapitel Tipps, wie Sie Ihren Schreibtisch zeitsparender organisieren.

Wie groß die Ordnung auf Ihrem Schreibtisch ist und welches Ablagesystem Sie benützen, hängt stark von Ihrer persönlichen Arbeitsweise ab. Manche Menschen behaupten, sie könnten nur im Chaos kreativ werden. Für manche ist der überquellende Schreibtisch schon deshalb eine Belastung, weil sich hier eine Ablenkung nach der anderen anbietet. Entscheidend ist, dass Sie durchblicken und die gerade benötigten Arbeitsunterlagen, Notizen, CD-ROMs etc. finden, ohne lange zu suchen.

■ *Ein durchdachtes und praktisches Ablagesystem erspart Ihnen viel Zeit und Nerven.* ■

Nehmen Sie alles nur einmal in die Hand

Auf den meisten Schreibtischen befinden sich „Wanderdünen" – Stapel von Papieren, Mappen, Klarsichthüllen mit

Notizen, Aufgaben etc., die wir wiederholt in die Hand nehmen, nur um sie an einer anderen Stelle wieder abzulegen, ohne dass wir eine Entscheidung getroffen haben, was wir denn jetzt damit machen.

Ziel ist es, jedes Blatt Papier nur ein- bis zweimal in die Hand zu nehmen. D. h., das erste Lesen muss bereits ein Ausleseprozess sein. Nach dem Motto „kleiner Schreibtisch – großer Papierkorb" gehört zum Beispiel vieles gleich in den Papierkorb (erinnern Sie sich an die D-Priorität, Seite 30). Selbst falls Sie nicht sicher sind, ob Sie das Papier noch einmal benötigen: Werfen Sie es in den Papierkorb. Stellen Sie sich immer wieder die Frage: Passiert etwas Furchtbares, wenn ich diesen Brief nicht aufbewahre?

Was Sie nicht sofort bearbeiten können, gehört gleich in eine Wiedervorlage: Falls die Reaktion erst an einem bestimmten Tag erfolgen soll, in eine Mappe mit den Tagen des Monats, ansonsten in eine thematische Ablage (z. B. nach Projekten oder Kunden), wobei Sie gegebenenfalls eine Aufgabe oder einen Termin zur Bearbeitung in Ihr Zeitplanbuch eintragen.

Mit System aufräumen

Es gibt nur vier Möglichkeiten, was Sie mit Papier und Unterlagen tun können: wegwerfen, delegieren, erledigen oder aufschieben.

Wenn also Ihr Schreibtisch überquillt, dann gehen Sie wie folgt vor:

1   Sortieren Sie alle Unterlagen nach Prioritäten.

2   Werfen Sie weg, was Sie und auch ein anderer nicht mehr brauchen: Dafür halten Sie am besten eine große Kiste als Altpapierbehälter parat.

3   Delegieren Sie, was Sie selbst nicht bearbeiten müssen. Versehen Sie die Papiere oder Unterlagen mit Haftnotizen und reichen Sie sie weiter.

4   Erledigen Sie alles, was A-Priorität hat. Allerdings nicht jetzt. Legen Sie die zu erledigenden Dinge auf einen kleinen Stapel. Erledigt wird der erst, wenn der ganze Schreibtisch einmal durchgekämmt ist.

5   Aufschieben können Sie die Unterlagen, die noch Zeit haben und einer geordneten Bearbeitung entgegensehen – legen Sie sie aber systematisch ab! Machen Sie sich eine Notiz im Zeitplanbuch oder verwenden Sie ein Wiedervorlagesystem.

Wie gehen Sie mit den übrig gebliebenen Dokumenten um?

Das parkinsonsche Gesetz sagt: „Alle Arbeiten sind unendlich dehnbar." Natürlich haben Sie nicht alle Infos, natürlich kann man das alles noch schöner und noch besser machen. Aber ist das immer zielführend? Muss jedes interne Schriftstück zum Beispiel perfekt formatiert sein? Nein, oft reicht ein handschriftlicher Vermerk als Antwort auf dem Original (bei internem Schriftverkehr). Um zu verhindern, dass Sie sich verzetteln, sollten Sie sich für jede Arbeit einen bestimmten Endpunkt setzen.

Beispiel
Sie müssen einen Brief schreiben mit einem Angebot. Schauen Sie vor Beginn der Arbeit auf die Uhr und sagen Sie sich: „Jetzt ist es 11:30 Uhr. In zehn Minuten habe ich diese Aufgabe erledigt." Wenn Sie um 11:35 immer noch nicht über die Anrede hinausgekommen sind, dann machen Sie sich einfach selbst Druck: „Ich habe noch fünf Minuten. Jetzt aber vorwärts." Und plötzlich geht es voran!

■ *Vermeiden Sie Perfektionismus. Setzen Sie sich Zeitgrenzen und treffen Sie dann Ihre Entscheidungen.* ■

Zeit sparen beim Lesen

Das Lesen von Fachzeitschriften ist wichtig, damit Sie sich weiterbilden und Trends mitbekommen. Und Sie brauchen für Ihre Ideen Anregungen von außen. Doch wer hat für die oft prall gefüllten Umläufe mit Fachpublikationen und anderen Unterlagen überhaupt Zeit?

Lesen Sie nur, was Sie wirklich brauchen

Erstellen Sie eine Liste der Publikationen und Unternehmenslisten, die Sie persönlich durchsehen wollen. Andere Unterlagen im Umlauf etc. leiten Sie sofort weiter. Legen Sie die übrigen ankommenden Zeitschriften und fachlichen Unterlagen auf einen Stapel. Fangen Sie auf keinen Fall an zu blättern. Sonst besteht die Gefahr, dass Sie unsystematisch lesen und hängen bleiben – und die Zeit verrinnt! Suchen Sie sich monatlich einen festen Termin für das Abarbeiten des Stapels. Wenn die Zeit gekommen ist, den Stapel durchzusehen, gehen Sie wie folgt vor:

- Lesen Sie zunächst nur das Inhaltsverzeichnis. Nur wenn die Überschrift eine lohnende Lektüre verspricht, nehmen Sie sich den entsprechenden Artikel/die Unterlagen vor.

- Wenn Sie in einer bestimmten Zeitschrift mehrmals hintereinander nichts Interessantes entdeckt haben, bestellen Sie die Zeitschrift ab.

- Prüfen Sie, was Sie Lesen sollen. Nur weil Ihnen jemand etwas zu Lesen gibt, bedeutet das nicht automatisch, dass Sie es auch lesen müssen.

- Machen Sie sich mit Techniken für schnelles Lesen vertraut. Dafür gibt es Kurse und Bücher. Wer allerdings nicht regelmäßig übt, wird die erhöhte Lesegeschwindigkeit nicht beibehalten können.

Die E-Mail-Flut bewältigen

Führungskräfte bekommen im Schnitt täglich mehrere Dutzend E-Mails. Und nicht nur Führungskräfte, alle, die viel mit dem Computer arbeiten, sind der E-Mail-Flut ausgesetzt. Kein Wunder, kommen doch inzwischen fast alle Informationen, die früher den klassischen Postweg oder über die Hauspost gingen, inzwischen über das Mail-System – viel schneller, kostengünstiger und bequemer. Die Gefahr des Mediums ist jedoch, dass einfach alle Informationen, ob nun benötigt oder nicht, ob wichtig oder nebensächlich, losgeschickt werden – denn es geht ja so schnell.

Über die Hälfte der Mails sind tatsächlich wenig relevant für unsere Arbeit: Newsletter, unaufgeforderte Werbung und E-Mails über Verteiler mit Nachrichten, die nur für wenige der Empfänger entscheidend sind, verstopfen unseren Eingangspostkasten. Wie können Sie da den Überblick behalten?

Legen Sie Ordner an

Nehmen Sie sich einen Tag Zeit, um eine für Sie sinnvolle Ordnerstruktur anzulegen. Diese könnten Sie z. B. nach Projekten oder Kunden, Abteilungsinterna usw. sortieren. Wählen Sie pro Ebene drei bis sieben Ordner und höchstens drei Ebenen für die Verschachtelung.

Beispiel

Alle Newsletter landen automatisch über einen Filter in einem News-Ordner. Außerdem haben Sie weitere Ordner für alle Projekte angelegt, wobei Sie laufende und abgeschlossene Projekte unterscheiden. Als Produktmanager können Sie auch eine Strukturierung nach Ihren Produkten, Reihen oder Serien vornehmen. Oder Sie übernehmen die Produktionsphasen/-termine als Ordnungslogik – oder Sie kombinieren beides.

■ *Wichtig ist: Wählen Sie eine Struktur, die Ihren Arbeitsprozessen entspricht.* ■

Wenden Sie das Eisenhower-Prinzip an

Halten Sie dann Ihren Eingangskorb leer. Auch auf E-Mails können Sie die vier Prioritätsstufen des Eisenhowerdiagramms (siehe Seite 28) anwenden. Meist können Sie schon anhand von Absender und Betreff entscheiden, welche Priorität die E-Mail hat. Prüfen Sie, ob es Sinn macht, entsprechende Ordner für bestimmte E-Mails der A- und B-Kategorie anzulegen (siehe voriger Abschnitt). Die E-Mails der Kategorie D (Werbung, Witze usw.) können Sie sofort ungelesen löschen. Entscheiden Sie bei C-Mails: Entweder ist diese Nachricht es wert, dass ich mich sofort kurz darum kümmere oder ich werde sie löschen. Wenn die Nachricht ein Handeln zu einem bestimmten späteren Zeitpunkt erfordert: gleich in den Terminplaner übertragen und dann die E-Mail löschen.

Mit der automatischen Filterfunktion (etwa der „Organisieren"-Funktion in Outlook) können Sie Nachrichten Ihrer wichtigsten Kunden, Geschäftspartner, Vorgesetzten usw. automatisch einfärben, so dass sich diese Nachrichten vom Rest abheben. Oder Sie verschieben, ebenfalls mit Hilfe von Filtern (Regel-Assistent in Outlook), bestimmte Nachrichten automatisch in Ihre dafür angelegten Ordner und Unterordner. Die Ordner für Newsletter können Sie einmal pro Woche durchsehen.

- *Machen Sie sich mit den Filterfunktionen vertraut und schaffen Sie ein für Sie passendes Ordnungssystem.* ■

E-Mails gleich beantworten?

Viele fühlen sich gedrängt, eine neu eingetroffene Nachricht sofort zu öffnen, sei es aus Neugier, sei es aus Angst, dass etwas anbrennt. Doch nicht jede Mail müssen Sie sofort lesen oder gar bearbeiten. Wenn Sie beim Eintreffen einer neuen E-Mail jedes Mal Ihre Tätigkeit unterbrechen, benötigen Sie danach wieder deutlich mehr Zeit, um sich wieder in die Aufgabe hineinzuversetzen. Überlegen Sie einmal, ob es nicht reicht, nur einmal morgens, mittags und abends oder sogar nur ein- oder zweimal am Tag Ihren E-Mail-Eingang im Block zu überarbeiten, solange Sie keine dringen Nachrichten erwarten.

Aber Achtung: Kunden erwarten in der Regel eine Antwort innerhalb eines Tages oder weniger Stunden – und erhalten diese spätestens bei einem der Konkurrenzunternehmen, falls Sie nicht rechtzeitig reagieren.

Signaturen effektiv nutzen

Die Signaturfunktion ist mehrfach praktisch: In wenigen Sekunden fügen Sie Ihre kompletten Adressdaten ein, so dass der Empfänger nicht suchen muss. Mit mehreren Signaturen können Sie entscheiden, wer Ihre Handynummer bekommt und wer nicht.

Die Möglichkeit, Signaturen als Dokumentvorlagen zu verwenden, wird bisher nur selten genutzt, ist aber sehr praktisch. Sie können wiederkehrende Texte wie Angebote, Einladungen zu Meetings mit Struktur der Tagesordnung usw. als Signatur anlegen, diese an eine leere E-Mail anfügen und müssen anschließend nur noch die entsprechenden variablen Daten einsetzen.

E-Mails effizienter schreiben

Die folgenden Regeln sparen Ihre Zeit sowie die der Adressaten – und gehören damit auch zur allgemeinen Netiquette:

- Füllen Sie die Betreffzeile immer aus. Formulieren Sie den Betreff kurz und prägnant.

- Wenn nicht gerade nur Minuten zwischen dem Eintreffen der Nachricht und Ihrer Antwort vergehen, passen Sie den Betreff an. Dabei muss erkennbar bleiben, worauf Sie antworten – wenn nötig, hängen Sie in Klammern den ursprünglichen Betreff an. Bei internen Mails reicht manchmal der Betreff als Nachricht anstatt eines Textes.

- Vermeiden Sie unnötig lange Formulierungen und überflüssige Antwortmails wie „Danke" für jede gewöhnliche Kleinigkeit im geschäftlichen Bereich (wenn aus anderen Gründen eine Antwort erforderlich ist oder bei besonderen Anlässen können Sie es natürlich gerne unterbringen). Das E-Mail ist ein relativ informelles Medium.

- Nutzen Sie praktische Kürzel im Betreff. „FYI" („for your information") oder „z. K." („zur Kenntnis") zeigen etwa an, dass keine Antwort nötig ist.

- Löschen Sie beim Antworten von der Originalnachricht alles, was nicht unbedingt zum Verständnis Ihrer Antwort nötig ist. Nur wichtige Stichpunkte oder Fragen, auf die Sie mit Ja oder Nein antworten, lassen Sie stehen.

- Leiten Sie E-Mails vorsichtig weiter – nur dann, wenn der Absender einverstanden ist. Im Zweifelsfall fragen Sie besser nach.

- Formulieren Sie so kurz und übersichtlich wie möglich, nutzen Sie Absätze mit folgenden Leerzeilen als Gestaltungselement. Das spart Zeit beim Empfänger und erhöht die Chance, dass Ihre wichtigsten Punkte nicht untergehen.

- Halten Sie Anhänge klein und deren Anzahl gering. Das gilt insbesondere für Grafiken. Komprimieren Sie große Dateien, etwa ins Zip-Format (ab ca. 500 Kilobyte, darunter macht das Entpacken unverhältnismäßig viel Aufwand.)

- Versenden Sie nur Dateien in Standardformaten (z. B. PDF-Dateien) – sonst kann der Empfänger sie eventuell nicht öffnen.

- Schicken Sie nur dann eine Kopie an andere Personen bzw. eine Nachricht an einen Verteiler, wenn dies unbedingt nötig ist, und halten Sie die Zahl der Empfänger so klein wie möglich.

- Wenn es schon sein muss, dann leiten Sie Mails mit Witzen nur an Personen weiter, die dies nicht als Ballast empfinden. Löschen Sie Junkmails sofort. Teilen Sie es den Absendern mit, wenn Sie entsprechende Mails nicht empfangen wollen – sonst werden es nie weniger.

Nutzen Sie im Urlaub die automatische Abwesenheitsmeldung, damit Kunden und Kollegen wissen, dass Sie die Nachricht erst Wochen später lesen können.

So werden Sie Ihr Zeitmanager

Zeitmanagement ist kein Einheitsschuh, der jedem passt. Finden Sie die Techniken und Instrumente, die zu Ihrer Persönlichkeit passen und die sofort Wirkung zeigen.

www.taschenguide.de

Was für ein Zeitmanagementtyp sind Sie?

Jeder Mensch ist anders. Während die einen es z. B. lieben, penibel Formulare auszufüllen, brauchen die anderen Freiräume für Kreativität und Spontaneität. Der eine verzettelt sich im Perfektionismus, der Nächste im Planen oder im Übereifer, er möchte zu viel zu schnell erledigen. Für das Zeitmanagement bedeutet dies: Sie müssen die Instrumente finden, die Ihrer Persönlichkeitsstruktur entsprechen.

Auf den folgenden Seiten stellen wir Ihnen vier verschiedene Persönlichkeitstypen vor:

- den dominanten,
- den initiativen,
- den stetigen und
- den gewissenhaften

Zeitmanager. Sicher sind ein oder zwei Typen dabei, die Ihnen ähneln. Finden Sie mit Hilfe der Checklisten heraus, zu welchem Persönlichkeitstyp Sie am ehesten gehören und welche speziellen Tipps für Sie gelten. Streichen Sie bei jedem der vier Typen die Aussagen an, in denen Sie sich wiederfinden. Lesen Sie dann die Tipps für die beiden Typen, bei denen Sie die meisten Häkchen haben.

Sind Sie ein dominanter Zeitmanager?

▪ Ich analysiere schnell und erkenne sofort das Wesentliche.	
▪ Ich mache mir wenn überhaupt nur grobe Pläne.	
▪ Ich will am liebsten immer alles sofort erledigen.	
▪ Ich erledige Dinge nebenbei, während ich mit jemandem spreche.	
▪ Ich gehe die anliegenden Aufgaben zügig an.	
▪ Ich hasse Langeweile und Unterforderung.	
▪ Ich habe gerne viele Eisen im Feuer.	
▪ Ich handle oft impulsiv und denke die Dinge dabei manchmal nicht richtig zu Ende.	
▪ Ich tendiere zu Durcheinander und Hektik.	
▪ Ich dominiere Diskussionen, v. a. in Meetings.	
▪ Ich unterbreche andere, wenn mir etwas Dringendes einfällt, werde aber selbst ungern gestört.	

Zehn Zeitmanagement-Tipps für Dominante

1 Setzen Sie Prioritäten. Nehmen Sie sich Zeit, Ihre Ziele und Erwartungen aufzuschreiben und sich über wichtige Prioritäten klar zu werden.

2 Durchdenken Sie ein Projekt in allen Einzelheiten und schätzen Sie den Zeitbedarf ab, bevor Sie es übernehmen.

3 Seien Sie mit anderen geduldiger, geben Sie diesen einen gewissen zeitlichen Vorlauf.

4 Überschütten Sie andere nicht mit zu vielen Anliegen und Projekten auf einmal.

5 Unterbrechen Sie andere weniger, hören Sie dafür mehr aktiv zu.

6 Bleiben Sie aufmerksam, wenn andere mit Ihnen sprechen, halten Sie Blickkontakt.

7 Wetteifern Sie weniger und arbeiten Sie mehr mit anderen zusammen.

8 Erst nachdenken, dann (weniger voreilig) handeln.

9 Schalten Sie einen Gang zurück, verlangen Sie von anderen nicht so viel wie von sich selbst.

10 Entspannen Sie sich. Nehmen Sie sich auch einmal bewusst Zeit für Muße, Ruhe, Nichtstun.

Sind Sie ein initiativer Zeitmanager?

▪ Ich nehme gerne neue, interessante Aufgaben an.	
▪ Ich wechsle häufig die Prioritäten.	
▪ Ich bin oft in zu viele Aufgaben verstrickt.	
▪ Ich bringe wenig Disziplin für Zeitplanung auf.	
▪ Ich tendiere dazu, Aufgaben nicht vollständig ab-zuwickeln und zwischen Aufgaben zu springen.	
▪ Mein Büro ist unordentlich, ich neige zum Chaos.	
▪ Ich sage zwar gerne spontan ja, kann dann die Arbeit aber oft doch nicht ausführen.	
▪ Ich vermeide Routinearbeiten und erledige diese nur, wenn unbedingt notwendig.	
▪ Ich unterbrechen andere und lasse mich auch gerne unterbrechen und ablenken. Ich unterhalte mich auch oft viel lieber, als zu arbeiten.	
▪ Ich habe Probleme mit der Pünktlichkeit.	
▪ Ich bin in Meetings oft nicht oder nur schlecht vorbereitet.	

Zehn Zeitmanagement-Tipps für Initiative

1 Beenden Sie angefangene Aufgaben, bevor Sie etwas Neues beginnen.

2 Lassen Sie sich nicht unterbrechen und nehmen Sie Unterbrechungen nicht zum Anlass, sich Tagträumereien hinzugeben.

3   Arbeiten Sie konsequent an begonnenen Projekten.

4   Arbeiten Sie konsequent daran, pünktlich zu sein.

5   Rennen Sie unwichtigen Dingen nicht hinterher, vergeuden Sie Ihre Energie nicht unnötig.

6   Fixieren Sie Aufgaben schriftlich. Erstellen Sie eine To-do-Liste mit Prioritäten und halten Sie sich daran.

7   Erstellen Sie einen Tagesplan und bringen Sie mehr Struktur in Ihren Arbeitstag.

8   Benutzen Sie ein Zeitplanbuch – auch als Mittel zur Motivation und Selbstdisziplin.

9   Räumen Sie Ihren Schreibtisch auf und misten Sie Ihre Ablagekörbe aus.

10 Vermeiden Sie „private" Störungen. Begrenzen Sie die Zeit für Ihren privaten Schwatz, seien Sie weniger gesellig.

Sind Sie ein stetiger Zeitmanager?

▪ Ich arbeite zunächst langsam, aber dafür beständig, gründlich, der Reihe nach und zuverlässig.	
▪ Ich hasse Termindruck und setze Prioritäten, weil sie Ordnung und Sicherheit schaffen. Ich schreibe viel auf, damit ich alles richtig mache.	
▪ Ich brauche Zeit, um Dinge in Ruhe zu bedenken.	
▪ Ich bin in der Regel gut organisiert.	
▪ Ich sage ungern nein, weil es die Beziehungen belasten könnte.	
▪ Ich vermeide Konfrontationen nach Möglichkeit.	
▪ Ich ertappe mich öfter dabei, Aufgaben mit Termindruck zugunsten weniger wichtiger und nicht so dringender Dinge liegen zu lassen.	
▪ Ich bin bei Sitzungen pünktlich, aber zurückhaltend und übernehme ungern die Verantwortung.	
▪ Ich brauche viel Bestätigung und Feedback, wenn Aufgaben an mich delegiert wurden, besonders zu Beginn.	

Zehn Zeitmanagement-Tipps für Stetige

1 Suchen Sie nach neuen Wegen, um schneller zu gewünschten Ergebnissen zu kommen, statt an bewährten Abläufen festzuhalten.

2 Verbessern Sie die Effizienz Ihrer zeitlichen Arbeitsabläufe, beschleunigen Sie Prozesse.

3 Halten Sie öfter Rücksprache mit anderen, um Prioritäten und Aktivitäten abzustimmen.

4 Erkennen und lösen Sie Probleme. Gehen Sie die Lösung zwischenmenschlicher Konflikte an.

5 Beginnen Sie Ihren Arbeitstag früher, um Zeitdruck zu vermeiden.

6 Denken Sie weniger an den Arbeitsaufwand, sondern mehr an die Ergebnisse.

7 Achten Sie auf Endtermine, ohne sich dadurch zu blockieren.

8 Sehen Sie Veränderungen positiv, sie bereichern Ihr Leben.

9 Nehmen Sie Dinge einfach selber in die Hand; fangen Sie mit kleinen Sachen an.

10 Trauen Sie sich mehr zu. Sprechen Sie lauter. Sagen Sie öfter einmal nein.

Sind Sie ein gewissenhafter Zeitmanager?

• Ich tendiere dazu, mich in Details zu verlieren.	
• Ich mache immer ausführliche, detaillierte Pläne.	
• Ich analysiere jede Einzelheit ganz genau.	
• Ich verbringe oft zu viel Zeit mit der Planung, statt die eigentliche Aktion durchzuführen.	
• Ich bedenke alle Prioritäten mehrmals gründlich.	
• Ich sage nein, wenn eine neue Aufgabe nicht ins vorhandene Konzept passt.	
• Ich halte sehr lange Präsentationen, die andere oft zu komplex finden.	
• Ich habe in Konferenzen Schwierigkeiten, schnell zur Entscheidungsfindung zu kommen.	
• Bei Meetings bin ich immer pünktlich und perfekt vorbereitet, ich bringe viele Unterlagen mit.	
• Ich halte jede Vorschrift immer sehr genau ein.	
• Ich habe meinen Schreibtisch perfekt aufgeräumt, alles hat seinen festen Platz.	
• Ich beschreibe Delegationsaufgaben bis ins Detail und verlange über alles ausführliche Berichte	

Zehn Zeitmanagement-Tipps für Gewissenhafte

1 Überdenken Sie Ihre Planungszeiten. Bei zu viel Planung bleibt zu wenig Zeit für die Umsetzung.

2 Konzentrieren Sie sich auf Ergebnisse, nicht auf Perfektion in der Erledigung.

3 Sie können nicht jedes Risiko vermeiden. Verinnerlichen Sie das.

4 Treffen Sie Entscheidungen, auch wenn Ihnen weniger Informationen zur Verfügung stehen, als Ihnen lieb ist.

5 Verwenden Sie nicht so viel Zeit darauf, Dinge zu analysieren.

6 Setzen Sie sich ein striktes Zeitlimit für die Erledigung Ihrer Aufgaben.

7 Setzen Sie sich realistische Ziele. Erwarten Sie von sich nicht zu hohe Standards.

8 Erkennen Sie, dass Perfektion auch ihre Grenzen hat: Gut ist besser als perfekt.

9 Werden Sie lockerer in Ihren Erwartungen an sich und an andere; lassen Sie einmal fünf gerade sein.

10 Menschen sind wichtiger als Vorschriften und Richtlinien. Machen Sie sich das bewusst.

Wie Sie Ihre Gewohnheiten ändern

Im Zeitmanagement gibt es „harte" Faktoren (Zeitplansysteme, Pareto-Prinzip, Zielplanung usw.) und „weiche" Faktoren, die genauso wichtig, wenn nicht noch wichtiger sind. Um diese geht es in unserem Abschlusskapitel.

Ihre innere Einstellung zählt

Die Wahrheit tut weh: Zeitmanagement bedeutet in erster Linie Selbstdisziplin. Am wichtigsten sind Ihre innere Einstellung und Motivation – und dass Sie aktiv werden. Die Zeit können wir nicht managen, nur unseren Umgang mit ihr. Um mehr in weniger Zeit zu erreichen gibt es keine Zaubertricks – wir müssen wissen, wo wir hinwollen, was uns am wichtigsten ist, was wir erreichen können und wie.

Der schlimmste Zeitfresser

Der schlimmste Zeitfresser ist, wenn wir unsere Situation nicht analysieren. Wenn wir Fehler machen und nichts daraus lernen, wenn wir den Kopf in den Sand stecken. Oft geben wir zu früh auf oder sind uns sicher, dass wir „ja eh nichts machen können" oder „ein Opfer äußerer Umstände" sind (des Chefs, der Kollegen, Kunden, Zulieferer oder auch des Wetters, Schicksals, der Sterne, des Datums Freitag des dreizehnten usw.). Dann haben wir aber keine Handlungsmöglichkeit mehr, um das Problem zu lösen.

> ■ „Ich bin davon überzeugt, dass mein Leben zu zehn Prozent aus dem besteht, was mit mir geschieht, und zu neunzig Prozent aus dem, wie ich darauf reagiere." Charles Swindoll
> ■

Eine genaue Analyse unserer Situation zeigt uns jedoch, dass wir selbst durch unserer Reaktion auf die Umstände das Problem verursachen oder es etwas anders einfach besser geht. Wir möchten Ihnen den springenden Punkt an einem Beispiel erläutern.

Beispiel: Mein Problem mit der Unpünktlichkeit

Mein Problem in der Vergangenheit war grauenhafte Unpünktlichkeit. Nur zu den wichtigsten beruflichen Meetings war ich pünktlich. Selbst mein bester Freund Markus und seine Frau Mareike mussten regelmäßig eine halbe Stunde oder länger auf mich warten, wenn ich sie besuchen wollte. Jedes Mal passierte etwas anderes: Ich bekam kurz vor Aufbruch eine E-Mail, die ich noch „schnell" beantworten wollte. Ein andermal wollte ich noch den vorbestellten Antennenadapter für mein Handy auf dem Weg abholen. Aber es dauerte 20 Minuten, bis der Verkäufer ihn im Lager gefunden hatte; danach erwischte ich genau die Kasse, an der ich am längsten anstehen musste. Beim nächsten Mal klingelte zehn Minuten vor Aufbruch das Telefon. Der Anruf war nicht dringend, dauerte aber trotzdem 45 Minuten. Ein anderes Mal kam ich noch relativ pünktlich los, allerdings mitten im Berufsverkehr. Ich erwischte bei allen fünf Ampeln auf dem Weg die Rotphase. Eine Baustelle auf dem Weg tat ihr Übriges.

Warum geht es bei mir immer schief?

Wie Sie sehen, konnte ich überhaupt nichts dafür, oder? Ich war das Opfer unglücklicher Umstände, an denen ich nichts ändern konnte: Baustellen, Berufsverkehr, lahme Verkäufer usw. Da nützte es auch nichts, mich aufzuregen.

Natürlich waren die Ampeln rot, der Verkäufer nicht der Schnellste usw. Aber das passiert anderen Leuten auch, und sie sind trotzdem pünktlich. Hätte ich nicht damit rechnen können, dass solche Ereignisse eintreten würden? (Hier Sehen Sie, wie wichtig unverplante Pufferzeiten sind.)

■ *Kennen Sie das? Versuchen Sie einmal, das Beispiel auf einen Bereich in Ihrem Leben zu übertragen, der Ihnen ständig aus dem Ruder läuft!* ■

Übernehmen Sie die Verantwortung!

Irgendwann sah ich mir die Gründe für mein dauerndes Zuspätkommen noch einmal an – und plötzlich wurde mir schlagartig klar: „Natürlich bin ich selbst schuld!" Ich wollte die Zeit immer bis zum Letzten ausnutzen und habe mich dabei furchtbar verzettelt. Diese Erkenntnis hatte eine wichtige Folge: Da ich verantwortlich war, konnte ich auch etwas ändern. Inzwischen gehe ich vor *allen* wichtigen Terminen nur noch leichten sowie kurzen Tätigkeiten nach und fahre prinzipiell früher los.

■ *Verantwortung zu übernehmen ist bei vielen Problemen das eigentliche Problem – und gleichzeitig der erste Schritt zur Lösung.* ■

Unser Verhalten können wir immer ändern

Tatsächlich sind wir für fast alles, was mit uns geschieht, zumindest zum Teil verantwortlich. Wir beeinflussen die Wirkung äußerer Umstände auf uns maßgeblich durch unser Verhalten und unsere Einstellung. Beides können wir jederzeit ändern. Wir können herumsitzen und uns beschweren, weil wir „ja sowieso nichts ändern können". Oder wir lernen, das, was wir nicht beeinflussen können, zu akzeptieren, und finden die uns möglichen Wege, etwas an unserer Situation zu ändern. Und wir lernen, anders als bisher auf das von uns nicht Änderbare zu reagieren. Der Schlüssel zu Freiheit von Stress, Überlastung und Zeitnot sowie zum Erfolg liegt also in uns selbst.

■ *Übernehmen Sie Verantwortung für das, was schief läuft. Überdenken Sie die Situation, suchen Sie nach Ursachen und ändern Sie das, was in Ihrer Macht steht!* ■

Motivation ist das Wichtigste

Ein weiterer wichtiger Faktor ist unsere Motivation, die mit unserer Einstellung wesentlich zusammenhängt – und sie ist viel wichtiger als Techniken oder Hilfsmittel. Vergleichen Sie einmal Ihre Produktivität von einem Tag, an dem Sie keine Lust haben oder gefrustet sind, mit der am letzten Tag vor dem Urlaub, wenn Sie bis abends noch alle restlichen Aufgaben abarbeiten müssen.

Seien Sie optimistisch

Wenn wir mit einer negativen Einstellung an die Dinge herangehen, blockieren und demotivieren wir uns. Auch geben viele Menschen zu früh auf.

Beispiel

Herr Pech, der gerne joggt, ist vor kurzem neu in die Abteilung gekommen und fragt zwei Kollegen: „Habt ihr Lust, mit mir morgen früh eine Stunde zu laufen?" Letzte Woche hatten seine Kollegen morgens immer noch Zeit für eine ausgiebige Unterhaltung gehabt, doch nun bekommt er als Antwort von beiden: „Nein, zu viel zu tun." Herr Pech ist daraufhin gekränkt und geht den beiden in Zukunft aus dem Weg. Als Pessimist hatte er sofort ein „Ich kann Dich nicht ausstehen" verstanden. Doch dass seine Kollegen am nächsten Tag noch dringend ein wichtiges Projekt unter Terminnot fertigstellen mussten, hat er nicht gewusst. Dabei hätte er nur fragen müssen: „Passt es euch übermorgen besser? Ist euch eine Stunde zu lang?", um der Sache auf den Grund zu gehen.

Gehen Sie also nicht immer vom Schlimmsten aus, sondern versuchen Sie die Dinge optimistisch anzupacken. Das entbindet uns allerdings nicht von einer vernünftigen Risikoanalyse, die uns die Kosten- und Terminfallen eines Projektes realistisch einschätzen oder den Regenschirm einpacken lässt, wenn der Himmel voll dunkler Wolken hängt.

■ *„Es ist nicht genug zu wissen: Man muss auch anwenden; es ist nicht genug zu wollen: Man muss auch tun." Johann Wolfgang von Goethe* ■

Beweisen Sie Disziplin und Mut. Der Schlüssel zu einem erfolgreichen Zeitmanagement, effektivem Arbeiten und dem Weg aus der Zeitfalle liegt in Ihnen selbst – es kommt auf Ihre Einstellung und Selbstdisziplin bei der Umsetzung an. Planen Sie, fangen Sie an und bleiben Sie auch bei Schwierigkeiten dran!

Wie Sie wirksame Strategien entwickeln

Wenn ich am Morgen eines Seminartages Zahnschmerzen bekäme, würde ich eine Tablette nehmen. Aber am nächsten Tag würde ich dann gleich zum Zahnarzt gehen, denn Tabletten sind nur eine kurzfristige Notlösung. Ganz andere

Probleme im Berufsleben bekämpfen wir leider häufig mit „Tabletten". Im ersten Moment verhilft das zur Linderung, aber langfristig gesehen macht es alles nur noch schlimmer.

Beispiel
Herr Meyer verliert oft wichtige Dokumente. Und häufig kommt es vor, dass er hektisch nach Sachen suchen muss, was enorm Zeit kostet. Warum? Weil sein Schreibtisch unordentlich ist. Also räumt Herr Meyer seinen Schreibtisch auf. Immer wieder. Zwei Wochen später ist sein Arbeitsplatz aber erneut völlig überfüllt.

Wenn Sie Ihre Erkenntnisse wirklich umsetzen und etwas ändern wollen, sind drei Schritte notwendig:

1 Identifizieren Sie die Problemquellen.

2 Bekämpfen Sie die Ursachen anstatt die Symptome.

3 Erstellen Sie einen Aktionsplan.

Beispiel
Im Fall von Herrn Meyer wäre die Tablette, den Schreibtisch aufzuräumen. Doch um eine langfristige Lösung zu erreichen, müsste Herr Meyer weiterfragen: Warum ist denn mein Schreibtisch unaufgeräumt? Weil ich kein Ablagesystem und kein System für die Bearbeitung eingehender Dokumente habe. Warum habe ich keines entwickelt? Weil ich zu beschäftigt war. Warum? Weil ich dringende, leichte Aufgaben mit niedriger Priorität, die Spaß machen, den etwas unangenehmeren, schwierigen mit hoher Priorität und hoher Hebelwirkung vorziehe.

Die Lösung für Herrn Meyer ist also, ein System zur vernünftigen Prioritätensetzung einzuführen, in dem die Entwicklung eines Ablagesystems für eingehende Dokumente selbst hohe Priorität hat, und diese Lösung diszipliniert umzusetzen. Die dafür investierte Zeit liegt übrigens deutlich unter der Zeit, die Herr Meyer bislang für das Suchen verlorener Dokumente opfern musste. Ein System zu entwickeln wird ihn schätzungsweise fünf Stunden kosten – einmalig. Auch das Pflegen des Systems ist weniger aufwändig als die ständige Sucherei.

Beginnen Sie jetzt!

1 Suchen Sie sich jetzt sofort die ein oder maximal zwei im Buch behandelten Punkte heraus, bei denen Sie das größte Optimierungspotenzial besitzen. Schreiben Sie Ihre Probleme in diesen Bereichen auf.

2 Identifizieren Sie die Ursachen. Überlegen Sie Lösungsstrategien. Finden Sie jemanden, der Ihnen hilft, Sie kontrolliert und motiviert (notfalls einen externen Coach). Setzen Sie sich realistische und klare Ziele.

3 Überlegen Sie sich zum Abschluss eine echte Belohnung, die Sie sich nach dem Erreichen Ihres Zieles gönnen.

4 Machen Sie anschließend eine kurze Pause und erweitern Sie Ihren Aktionsplan um den nächsten Punkt, den Sie dann auch gleich in Angriff nehmen.

Seminare und Coachings nutzen

Sie besitzen mit diesem Buch bereits viel Material zum Selbststudium. Der Besuch eines Seminars ist daher nicht nötig – in einem Seminar können Sie aber den Stoff leichter, schneller sowie auf angenehme Art lernen und umsetzen. Mit einer Gruppe Gleichgesinnter zu lernen ist durch die Erfahrungen und Beteiligung der Einzelnen auch Ansporn und eine inhaltliche Bereicherung. In Seminaren können Sie zudem gewonnene Kenntnisse auffrischen und an anderen

Schwerpunkten arbeiten. Es ist wie beim Sport: Eine Trainerstunde hier und da hat noch niemandem geschadet.

Die Vorteile eines Seminars:

- Sie haben einen vollen Tag Zeit, um sich abgeschottet vom Tagesgeschäft ganz auf das Thema zu konzentrieren. Sie erhalten einen wesentlich tieferen Zugang zu den Themen, als es durch ein Buch möglich ist.

- Sie können detaillierte Rückfragen stellen. Der Trainer begleitet Sie durch Übungen, in denen Sie Ihre individuellen Aufgaben und Ihren Tagesablauf einbringen. Auf Wunsch erhalten Sie sofort Feedback zu den Übungen.

Das Ergebnis: Die meisten unserer Seminarteilnehmer können – unabhängig von ihren Vorkenntnissen – nach dem Seminar 30 Minuten pro Tag einsparen. Damit rentiert sich je nach Ihren Aufgaben, Ihrer Arbeitszeit und Ihrer Position der Seminartag schon nach ein bis drei Monaten im Hinblick auf den investierten Arbeitstag und den Seminarpreis.

Erfolgreicher durch Coaching

Persönliches Coaching hat sich gerade im Zeitmanagement hervorragend bewährt, denn dabei werden ganz gezielt individuelle Probleme angegangen. Ein Coach hilft Ihnen, an einer Leistungsschwäche zu arbeiten. Er analysiert Ihren persönlichen Arbeitsstil und optimiert mit Ihnen Prozesse und Abläufe entsprechend Ihrer Persönlichkeit. So können Sie Kraft raubende Verhaltensmuster ablegen und neue, speziell auf Sie abgestimmte Gewohnheiten entwickeln.

Stichwortverzeichnis

tempus. Zeitplansysteme

AUFBRUCH ZUR GELASSENHEIT ...

tempus-Zeitplansysteme
Postfach 14 20 95 • D-89529 Giengen

Telefon 0 73 22 / 95 02 00
Free-Fax 0800 / 83 67 87 0
www.tempus.de

*Exklusive Meister-
stücke aus Leder.
In deutschen Werk-
stätten handgefertigt, in Design und
Verarbeitung Spitzenklasse.*

tempus. Seminare

Seminare auf hohem Niveau! Warum? Nun, wir
trainieren bedeutende deutsche Firmen, z. B. au
der Automobilbranche und aus dem IT-Bereich.
Dort werden höchste Anforderungen an Trainer
und Teilnehmerunterlagen gestellt.

Ich bin für Sie da:
Waltrud Widmann
Seminarbetreuung
Postfach 1420 • D-89529 Gieng
Tel. 07322 - 95 02 43 • Fax 95 02
E-Mail WWidmann@tempus.de
www.tempus.de

tempus Zeitplansysteme

2003
Hauptkatalog

impulse

»Das bestgeführte
Kleinunternehmen: tempus

Fordern Sie heute noch
den kostenlosen **tempus-
Katalog** an oder fragen
Sie Ihren Buch- oder Fach-
händler.

Absender

Telefon